Biblioteca de Criminología

Sergio Sánchez Rodríguez
(Director)

Carlos Antonio Agurto Gonzáles
Sonia Lidia Quequejana Mamani
Benigno Choque Cuenca
(Coordinadores Generales)

Enrico Ferri
Profesor de la Universidad de Roma
«La Sapienza»

Los hombres y las cárceles

Edición al cuidado de
Carlos Antonio Agurto Gonzáles
Sonia Lidia Quequejana Mamani
Benigno Choque Cuenca

Ediciones Olejnik

Traducción de FRANCISCO LOMBARDÍA

Título:LOS HOMBRES Y LAS CÁRCELES

Huérfanos 611, Santiago - Chile
E-mail: contacto@edicionesolejnik.com
Web site: http://www.edicionesolejnik.com

Primera edición en ediciones Olejnik: 2019

ISBN: 978-956-392-498-5

Diseño de Carátula: Ena Zuñiga
Diagramación: Luis A. Sierra Cárdenas

Impreso en Argentina 2019 Printed in Argentina

ÍNDICE

I

LAS ESCUELAS PENITENCIARIAS BECCARIA Y HOWARD. —TRABAJO Y CELDAS DE LOS DELINCUENTES

A fines del siglo XVII, César Beccaria, en Italia, dio vida fecunda y robusta, con su inmortal libro *El delito y la pena,* a los sentimientos e ideas que ya en la ciencia, en su época, y elevando el estudio de las penas y de los delitos a la dignidad de ciencia filosófica, promovía aquella gloriosa evolución científica que, encarnada en la escuela clásica criminal, puso a tanta altura el genio italiano.

Algunos años después, en Inglaterra, John Howard, describió con sencilla elocuencia el estado miserable, la corrupción material y moral en que se encontraban los presos en las diferentes cárceles europeas visitadas por él, provocando con sus descripciones un movimiento paralelo al de Beccaria, que respondía perfectamente al común sentir.

Este sentimiento, propagado con aceptación inmensa en América, engendró a su regreso a Europa la escuela penitenciaria, condensada hoy en la fórmula de «aislamiento, trabajo e instrucción», en la arquitectura del sistema, que Bentham, al presentarlo primero en el Parlamento inglés y después en la Asamblea francesa, denominó *panóptico,* por su especialísima disposición radial que permite a un solo hombre, colocado en el centro, vigilar a todos los confinados. En su consecuencia, el punto de partida y el objeto final de ambas escuelas clásicas son idénticos.

Cabe decir que la escuela de Beccaria en orden a los principios jurídicos y la de Howard respecto de la disciplina en las penas de detención, nacieron como reacción generosa contra las exageraciones y crueldades legislativas y administrativas que llenan, desde la Edad Media hasta la Revolución francesa, toda la historia. Las dos escuelas fueron, en realidad de verdad, protestas justísimas contra el estado de las leyes y de las cárceles en aquellos tiempos. Nada sorprendente debe ser, por tanto, el entusiasmo con que fueron acogidas por todos.

Los discípulos de Beccaria, estudiando el delito en sí y por sí, como forma jurídica abstracta, separada del mundo real, se propusieron como fin —que lograron indiscutiblemente— la disminución general de las penas del Código y la abolición de algunas formas de penas incompatibles con el sentido moral de los pueblos modernos. Los continuadores del sistema de Howard, examinando la cárcel en sí y por sí, aislada del mundo de donde el condenado procede y en el que quedan los ofendidos por el delito, se fijaron como meta—a la que también llegaron y pasaron—el mejoramiento de la vida en las prisiones.

Los primeros, concentrando su atención en el delito ya realizado y en las formas más suaves de reprimirlo, olvidaron estudiar e inquirir el medio más eficaz de evitar el delito aun no cometido, suprimiendo, atenuando o desviando sus causas naturales, y dejaron al arbitrio ciego y lento de la autoridad administrativa el régimen preventivo, que declaraban, por otra parte, extraño a la verdadera ciencia criminal, incurriendo en el error del médico que afirmaba ser ajenas a su arte las reglas higiénicas, que abandonaba al cuidado de otros menos inteligentes.

Los segundos, concentrando su sentimiento filantrópico en los establecimientos penitenciarios y en sus inquilinos forzosos, dignos de todo género de cuidadas, distrajeron, por una parte, su atención y la del público, de otras manifestaciones de miseria material y moral cuyas víctimas, personas de honradez intachable, merecen mucho más nuestra consideración y nuestras atenciones; y, por otra parte, llegaron a tantas y tan graves exageraciones en el tratamiento de los criminales que nosotros, entusiastas de la escuela positivista, nos creemos obligados a atajar su desbordamiento desenfrenado, gritándoles: «¡Basta!...»

La justicia lo exige así.

Repetimos una vez más que cuanto noble y generoso encierran la iniciativa y la actividad de la escuela penitenciaria, condenando los procedimientos criminales de la reacción de los siglos medios, mejoró aunque poco la conducta de los criminales licenciados del presidio.

Es evidente que de esta tendencia debe aprovecharse de parte verdaderamente fecunda y de aplicación, y especialmente en Europa, donde al lado del sistema penitenciario moderno subsisten centros de infección —¡avergüenza decirlo!— como son algunos establecimientos dedicados a los que sufren prisión preventiva, siempre más dura y afrentosa para los inocentes que para los que expían una verdadera condena.

Urge, por consiguiente, remediar ya los numerosos olvidos de la escuela penitenciaria, guiada hasta ahora por el sentimiento y no ajustada a la razón serena y fría, ni a las aplicaciones y conveniencias prácticas y sociales, que coexisten indefectiblemente con la necesidad de la expiación penal.

Los discípulos de Howard, preocupados exclusivamente de la suerte de los criminales, no han fijado su atención en esa caterva, horriblemente abrumadora, de infelices que vegetan miserablemente en medio de la vida social, y que tienen sobre los delincuentes la incontrastable superioridad de ser y haber permanecido siempre honrados.

Los legisladores y los filántropos han estudiado, acaso con celo malsano, preferentemente a los individuas que, por voluntad propia o por efecto de su degenerado organismo, orgánico o psíquico o del medio ambiente social, han reaccionado contra las condiciones externas de una actividad deshonesta, criminal. Y, entre tanto, ese mismo ambiente, la falta de instrucción y de educación moral, la miseria que grava y oprime a millares de hombres, no impulsándoles al homicidio o al hurto, todas las tentaciones, los sufrimientos todos se estrellan contra el temple diamantino de un sentido moral desarrollado... cuando más, si las desgracias y la miseria provocan alguna protesta dolorosa, ésta es el suicidio.

El sentimentalismo de nuestro siglo, desviado de sus cauces naturales, y preocupado excesivamente de cuestiones que casi no le importan, por ejemplo, de la protección histórica de los animales; este sentimentalismo, decimos, debe volver, que tiempo es ya, a su verdadero camino; siguiendo éste, la sociedad presente podrá cumplir su misión, aliviando, no con la negación violenta de las leyes de evolución social, las frecuentes formas de la miseria que anublan y ennegrecen pavorosamente los fulgores de nuestra civilización.

Precisa reconocer que los discípulos de Howard han obrado meritísimamente insistiendo con obstinación siempre creciente la necesidad moral y en la utilidad pública de la enmienda, de la corrección de cada uno de los criminales. Toda su labor se ha concentrado en este ideal altamente humano; el nombre de su sistema, su lema, esculpido ya por Clemente XI en la puerta de la cárcel de San Miguel, en Roma: *– Parum est improbos coercen poena nisi prolos efficias disciplina –* las reglas de donde surgen todos y cada uno de los varios sistemas penitenciarios, todo se reduce al fin exclusivamente humanitario.

El ideal de la escuela penitenciaria es grande y noble, mas la realidad no ha respondido hasta ahora a su éxito; los escasos resultados obtenidos no compensan la grandeza y la perseverancia de los esfuerzos realizados, según se deduce dé las cifras elocuentemente aterradoras de la reincidencia y del marasmo de las sociedades de patronato, tan afortunados en la teoría como desgraciados en la práctica. La razón fundamental de este fracaso está, en nuestra opinión, m la inactualidad del principio de *individualización,* por el cual, y según la escuela penitenciaria, en las prisiones, para cada temperamento o carácter individual deberían adoptarse los medios de corrección e instrucción congruentes; principio inaplicable porque no se encuentran siempre directores de cárcel con la intuición psicológica suficiente para responder a las dificultades de este magisterio, y porque el tratamiento moral individual es imposible cuando en un penal conviven muchos centenares de presos y en un Estado muchos millares de condenados a quienes vigilar.

Este principio de individualización, el mejor de todos en abstracto, pero imposible en la práctica, debe substituirse con el de clasificación de delincuentes por categorías homogéneas, tanto para la disciplina de la cárcel, como para la actuación del patronato de los que salgan de la misma. Es necesario concentrar todos los esfuerzos y prestar la mayor protección posible a los delincuentes ocasionales, cuya enmienda es casi siempre facilísima y no prodigar inútiles cuidados y estériles atenciones a los criminales incorregibles por defecto congènito de su temperamento orgánico o psíquico, que siempre y con el régimen penitenciario más perfecto, suave o duro, con el mayor cuidado por parte de las sociedades de patronato, responden con nuevos delitos, apenas las condiciones externas les ofrecen el más leve pretexto o excitación. Debe corregirse a los delincuentes ocasionales para que puedan tornar al ambiente social como seres normales: a los criminales por tendencias congénitas les corresponde el alejamiento o separación del ambiente social, al que no se adaptan, procurando desarrollar en ellos las aptitudes menos deficientes.

Además de esta tendencia poco eficaz, porque a pesar de la fuerza impulsiva de la inspiración sentimental, faltaba a la escuela penitenciaria la brújula de las indicaciones de antropología y psicología criminal que la escuela positivista aprecia tanto, en otro error ha caído la escuela citada, cuando ha pensado y llevado a la práctica su idea de que es suficiente para evitar el delito, o cuando menos su repetición, la prevención individual por medio de la enmienda; si es verdad «que de nada sirve castigar a los delincuentes si no se enmiendan con la disciplina moral», resta una poderosísima causa impelente al delito que urge corregir con la disciplina de las leyes y el ambiente social. En efecto, aunque exista quien siendo misionero del bien, no en los países salvajes, sino en las naciones civilizadas, teniendo como medio la celda de una penitenciaría, última forma del monacato forzoso, enmienda ochenta delincuentes por cada ciento —que conste que exageramos la proporción— y fortaleciendo en ellos el sentido moral deficiente o anulado, consiga que prefieran, con propósitos firmes y sinceros, el camino del bien; aun en este supuesto favorable, notamos, no han logrado más que una mitad, la parte menos importante de la obra de redención a que se habían dedicado.

El delincuente abandona la cárcel animado de los mejores propósitos, que supondremos sinceros, no obedeciendo a fines egoístas, vuelve a respirar el oxígeno de la vida libre, de la que había vivido alejado durante algún tiempo. Pero si además del oxígeno encuentra en la atmósfera social y en sus capas inferiores mayor porción de ácido carbónico y ázoe ¿a qué se reducirán sus propósitos ideales de enmienda moral, criando la triste realidad se imponga minuto tras minuto, hora tras hora, procurando arrastrarle por los caminos del crimen?

Es afirmación, comprobada por la experiencia cotidiana y por las inducciones fisio-psicológicas, que las acciones humanas están supeditadas al impulso fugaz de sensaciones inmediatas y de las emociones que se deriven de las mismas, más que a la virtud de las intenciones ideales abstractas. Supuesto, por consiguiente, un ambiente social viciado, la miseria, tentaciones, malas compañías de los libertos de las cárceles, éstos con sus ideales de honradez, ¿podrán luchar con probabilidades de éxito contra el choque impetuoso de sensaciones fuertes, de pasiones despiertas de improviso, del sopor artificial de la inercia moral?

Los penitenciaristas con su magisterio educativo, habrán dado al individuo buenas piernas para caminar con firmeza por la vía escabrosa de la honradez; mas, si le colocáis en un lugar de base volcánica, que le envíe de vez en cuando una ráfaga de vapores sulfúricos y le embriague, si dejáis que el alcoholismo y las varias formas de la miseria se le presenten y produzcan efecto por obrar sobre un terreno abonado por deseos comprimidos durante largo tiempo, es posible que sus piernas tiemblen, y que vacilando en el camino recto, diga: —Soy hombre y puedo caer.

Constituye, por tanto, una grande e incontrastable superioridad de la escuela criminal positiva sobre la tendencia clásica y penitenciaria, haber sentado que penas y delitos se desenvuelven en dos esferas excéntricas, que la represión, aunque correccional, es insuficiente para evitar los delitos y las reincidencias, y que existe una teoría denominada de los sustitutivos penales, que afirma la necesidad dé una higiene *social* bajo la forma de prevención remota, continua e insistente de las causas del delito, mucho más eficaz y fecunda que la higiene *individual* defendida por algunos sistemas penitenciarios.

Los partidarios de la escuela clásica y los que se consagran preferentemente al estudio de la disciplina carcelaria han incurrido en otro tercer olvido, acaso el más grave, y aun cuando no absoluto en sus principios teóricos, sí casi absoluto en su aplicación práctica, especialmente en los pueblos latinos, y algo atenuado entre las naciones germanas y anglosajonas.

En su humanitaria preocupación en beneficio de los delincuentes, han prescindido de una serie de *hechos* tan inseparables del *hecho* criminal, como ambas partes, superior e inferior, de una superficie; creando y perfeccionando la institución carcelaria y su organismo disciplinario y correccional, los penitenciaristas no se han fijado—sino individualmente— en que detrás del criminal están sus víctimas, sus familias y las personas honradas ofendidas directamente por el delito. Han olvidado que el mismo hombre que se manifiesta en la cárcel sumiso y casi siempre hipócrita ante el empleado o el director, es reo de asesinatos, homicidios, robos, etc., etc. Todo esto lo olvidamos, principalmente los pueblos latinos, que impulsados por el sentimiento, mientras vemos al homicida vulgar en flagrante delito, nos sentimos inclinados a darle muerte, y, transcurrido algún tiempo, le otorgamos ampliamente nuestra irreflexiva compasión, le cuidamos exageradamente en la cárcel, como a un desventurado inocente y no pensamos ni por un momento, que en un sotabanco, acaso reducidos a la miseria más espantosa, lloran y sufren los hijos, la madre y la mujer del muerto.

Cuando alguno de nosotros, arrastrado no por el espíritu de investigación científica, sino por la curiosidad que delitos y delincuentes inspiran siempre, visitamos una cárcel, calentada por el hermoso sol de Italia, y construida casi siempre en buenas condiciones de higiene y con escaso rigor en la disciplina, buena alimentación y poco trabajo, y nos encontramos ante la terrosa e hipócrita cara de algún salteador o asesino, olvidamos el delito cometido e instintivamente compadecemos a su autor, pensamos en lo que sufriríamos en su lugar, en sus dolores y remordimientos—aunque no sienta éstos—; acaso protestemos si el lecho del pobre asesino no tiene bastantes mantas y si el pan que come no está bien condimentado y cocinado; mas a ninguno se le ocurre que sería mucho mejor visitar zahurdas ignoradas, donde no hay luz ni higiene, donde el alimento no es abundante ni seguro, y donde sufren inmerecidos dolores las víctimas del prisionero, que tal vez con expresiva mímica, habrá conseguido de vosotros una limosna que correspondería más justamente a aquéllas.

***

El efecto de estos olvidos fundamentales de la escuela penitenciaria de Howard, no se ha dejado sentir solamente en las impresiones sentimentales del público, sino en la aplicación práctica, en las leyes y en la administración.

En efecto, para cuidar exageradamente a algunos criminales, se ha prescindido de muchos millones de hombres honrados, y no se ha procurado modificar el ambiente social; se han apartado a un lado las víctimas de los delincuentes, y más aun; después de la sentencia condenatoria, se han olvidado los delitos cometidos.

Para demostrar mis asertos, no haré sino estudiar las dos cuestiones que debieron preocupar más y que, sin embargo, no preocuparon a los asistentes al último Congreso penitenciario, tanto más cuanto que la Exposición carcelaria con su colección de objetos manufacturados y con la reproducción de las diversas celdas adoptadas en las penitenciarías, ofrecía una serie elocuentísima de documentos, suficientes para llamar la atención acerca de las citadas cuestiones.

Sabemos que, no obstante la Exposición carcelaria, el Congreso no se ha ocupado de ella, y solo algún congresista habrá hecho observaciones por cuenta propia, o acaso alguna comisión póstuma reseñará los objetos expuestos, sin que se haya debatido acerca de lo que las prisiones son y significan, según los datos precisos recogidos en las Exposiciones, sin que los hechos sirvieran de base a las teorías científicas.

De esta suerte, y con visible contrariedad y disgusto manifiesto de un ilustre criminalista y penitenciarista, el Congreso, haciendo caso omiso de algunas fáciles recomendaciones para edificar con economía las cárceles celulares, ha empleado todo su tiempo en disquisiciones de Derecho criminal abstracto sobre la legitimidad u oportunidad de algunas penas, como la interdicción temporal de ciertos derechos civiles y políticos, o bien en aprobar y aplaudir determinadas conclusiones, de las cuales, como ejemplo, citaré algunas de las más características[1].

Discutiéndose la latitud que debe dejarse al juez en la aplicación de la pena, Pessimes propuso, y el Congreso votó por gran

---

[1] *Rivista Carceraria,* 1885. Cuaderno 10 y 11. *Discussioni risoluzioni del terzo Congresso penitenziario internazionale,* páginas 532, 535, 589 y 592.

mayoría con solo cinco votos en contra, las proposiciones siguientes: «1.° La ley debe fijar el *máximum* de la pena en cada delito, sin que el juez pueda en ningún caso pasar de él. 2.° La ley debe fijar el *mínimum* de la pena para cada delito, pero de este límite puede prescindir el juez cuando en el delito concurran circunstancias atenuantes no previstas por la ley».

Ahora bien: ¿cómo explicarse que un Congreso pueda seriamente formular y votar semejantes proposiciones, si no se pensara en la tendencia histórica, que hemos estudiado antes, y que pertenece por igual a las escuelas clásicas del Derecho criminal y de la reforma penitenciaria? Porqué apenas se prescinda de esta tendencia histórica para favorecer resueltamente al delincuente ¿cómo admitir que el juez sea más benévolo que la ley penal, y aplique las penas aun en grado menor que los fijados como *mínimum* para cada delito, y nunca pueda pasar del *máximum,* aunque las circunstancias agravantes que concurran sean atroces?

Si la ley determina seriamente los límites dentro de los que el juez puede aplicar la pena, previendo bien todas las circunstancias de agravación y atenuación de cada delito, es inútil facultar al juez para saltar el dique puesto por la ley. Se' podrá discutir si deben o no fijarse límites, pero una vez decididos por la afirmativa, incúrrese en contradicción gravísima permitiendo al juez aplicar una ley distinta de la señalada, tanto más, cuanto que la escuela clásica ha sostenido que el juez no está obligado a la aplicación de la pena dentro de los límites señalar dos por la ley ¿por qué se le consiente franquearlos solo para favorecer al pobre delincuente? Si se admite la posibilidad de la existencia de circunstancias de atenuación no previstas en la ley ¿cómo no admitir igual posibilidad en orden a las agravantes?

No podíamos exigir al Congreso penitenciario demostración más evidente de las exageraciones en que el sentimentalismo precipita a las escuelas clásicas.

Citaré en apoyo de mi tesis otro ejemplo, la conclusión adoptada con respecto a la responsabilidad legal de los padres en los delitos de los hijos. El Congreso «opinó que interesa muy mucho a la sociedad adoptar las medidas legislativas Convenientes para evitar las consecuencias deplorables de la educación inmoral dada a sus hijos menores por los padres». Este deseo es laudabilísimo, pero ¿qué medios escogita a este fin el Congreso? Veámoslos: «El Congreso piensa que uno de los medios que deben recomendarse, es permitir a los tribunales que priven a los padres durante cierto tiempo, de todos o de parte de los derechos derivados de la patria potestad, cuando los hechos suficientemente probados —esto no era preciso decirlo—justifiquen su responsabilidad.»

Esta conclusión se asemeja mucho a una ley procesal que dijese: «El ciudadano que descuidase su inscripción en el censo de jurados, será castigado... con la exclusión temporal del derecho de ser Jurado» *o* la ley militar que prescribiese: «El ciudadano que no se alistase en el servicio militar, será castigado... con la exención de este servicio».

¿Cómo? Si los padres educan inmoralmente a sus hijos, esto es, si no cumplen los deberes que, como los derechos, se derivan de la patria potestad ¿les quitáis, para castigarles, unos derechos de que no se preocupan, dispensándoles, por consiguiente, de los deberes que son inseparables de aquellos derechos? Se podría ser más práctico, recomendando ciertos medios para poner coto a las consecuencias lamentabilísimas de la educación inmoral.

El ejemplo que refleja más fielmente las tendencias sentimentalistas de los congregados en la última Asamblea penitenciaria, y que demuestra al mismo tiempo como su filantropía, concentrándose sobre los malhechores, se esteriliza en un campo demasiado árido, pudiendo ser más fecunda empleada de otro modo, es el que nos presenta las conclusiones referentes al empleo de los domingos en las prisiones; conclusiones que el Congreso aceptó por unanimidad.

«1.° El Congreso emite el voto de que cada detenido de ambos sexos pueda escoger libremente la ocupación que le agrade más, siempre que ésta sea permitida en la cárcel.» (Aquí falta un detalle importantísimo: formar un reglamento en el que se consignase como obligación del director de la cárcel, presentarse sombrero en mano a los reclusos de ambos sexos, pidiéndoles perdón, si no podía proporcionarles una ocupación determinada).

«2.° Aquellas ocupaciones serán, según el país, la correspondencia con la familia, la lectura, la música, el dibujo, la escultura en madera, etc., etc., la participación en obras benéficas y el derecho de asistir a las conferencias organizadas por los individuos de las sociedades de patronato, acerca de los elemento, de moral, de derecho o de otras ciencias.»

Lo diré francamente: no creía que se pudiese llegar a tales extremos. Nunca pensé ser hombre de instintos feroces; me opondría resueltamente a que se volviese al cruel tratamiento que se empleaba, en la Edad Media con los presos; mas entiendo que debe existir para todo un límite.

Concluiré este punto con un consejo: Procurad todos que estas doctrinas no lleguen a conocimiento de los obreros y de los campesinos que viven en la miseria más dolorosa, *mientras permanecen honrados,* y a quienes ninguna sociedad de patronato procura el domingo conferencias científicas, dibujo, música...

***

El Congreso penitenciario, cuya labor venimos criticando en este estudio, gastó su tiempo en discutir y aprobar conclusiones como las enumeradas, no ocupándose siquiera por incidencia de las dos cuestiones a que aludíamos antes, y que surgen no bien se gira la vista por la Exposición carcelaria; nos referimos a la concurrencia del trabajo de las cárceles con el trabajo libre y honrado, y a la organización de las celdas para los presos.

Ya que el Congreso penitenciario nada ha hecho, consignaremos la opinión de la escuela positiva del Derecho criminal, para no incurrir en la omisión censurada.

Afírmase repetidamente que los partidarios de la disciplina carcelaria según las tendencias clásicas, y se ha afirmado recientemente por un distinguido hombre público —que en algunos extremos no está alejado de la escuela positiva[1]—, que si bien es verdad que el trabajo de las prisiones hace competencia al trabajo libre, esta concurrencia no es más grande ni perjudicial, porque los delincuentes que trabajan son en número infinitesimal respecto a la cifra que reúne el trabajo libre —en Italia 17,000 presos, trabajan en proporción con 4.000,000 de obreros adultos.

---

1 De Rencis: *L'esposizione e il Congresso penitenziario en la Nuova Antologia.* Diciembre, 1885.

Dicen, además, que los presos son obreros que, antes de su condena, trabajarían y harían la misma competencia, y concluyen sosteniendo que la industria nacional, dueña de grandes capitales, máquinas e inteligentes maestros, nada tiene que temer de la industria carcelaria, que es pobre, que no puede aprovecharse de los medios adecuados para el trabajo y que carece de máquinas y de los novísimos procedimientos de la técnica industrial.

Puede y debe contestarse a estas y a otras observaciones análogas, que la competencia entre el trabajo de las cárceles y el libre no se verifica en el total de trabajadores y de productos; no se manifiesta en forma de concurrencia con la industria nacional, sino en las pequeñas localidades en que existe alguna penitenciaría, y en lucha con la pequeña industria libre, que, encontrándose en idénticas condiciones de pobreza técnica que la industria carcelaria: —fábrica de telas, zapatería, muebles, esteras, etc.—, no puede soportar la competencia, siendo vencida por el trabajo de las prisiones, cuyos salarios son muy escasos—de aquí se deriva la economía de los productos— y donde las primeras materias son de primera calidad y existe un capital, extremos ambos con los que no pueden contar los pequeños industriales[1].

Por otra parte, es inexacto que los confinados hayan sido en su inmensa mayoría obreros que trabajaban antes de la condena, no influyendo, por consiguiente, para nada en la industria, que lo hicieran libremente o en la cárcel, porque prescindiendo de la diversidad de condiciones esenciales que hemos enumerado entre los tra-

---

1 Estas reflexiones explican las protestas hechas en el Parlamento italiano por el diputado Maffi, contra la impresión de la *Gaceta Oficial* y el *Calendario General,* encargada a los penados del presidio de Civittavecchia, transportados a la cárcel de Regina-Celi de Roma. *(Atti parlamentarit.* Sesiones de 14 de Diciembre de 1882 y 25 de Abril de 1883). No preocupa la cantidad absoluta del trabajo, sino la competencia local y el sistema administrativo. En efecto, el Parlamento italiano discutió la cuestión de! trabajo carcelario en los años de 1858 1882 y 1883, a propósito de una tipografía establecida en el penitenciario de Oneglia, suscitándose animada controversia, en la que intervinieron Cavour, Rattazzi, Brofferio, Bothero y otros. Después ha sido tratado el mismo asunto en diferentes ocasiones, entre otras en Junio y Diciembre de 1880, en que se debatió ampliamente (Diputado Roux: sesión de 23 de Abril de 1885.)
Esto no obstante, aun no se ha conseguido más que reformas en dosis homeopáticas en lo que se refiere al trabajo de las cárceles.

bajos libre y de las prisiones, casi todos los presos, si han trabajado, ha sido en la agricultura —donde se advierte menos la competencia en relación con las pequeñas manufacturas— o eran más bien vagabundos que obreros dedicados a un trabajo continuo.

La evidencia de estos asertos es tal, que aun los más optimistas, para los cuales los daños de la competencia no son graves, en Italia y fuera de ella admiten la necesidad de organizar el trabajo carcelario, reduciendo a su expresión mínima esa competencia verdaderamente inevitable.

Precisamente en la investigación de este organismo más perfecto, los partidarios de la disciplina de las prisiones, y más aun la administración, se han fijado siempre en cuestiones secundarias, o en paliativos ineficaces, llevando a efecto reformas tan homeopáticas que podemos afirmar que nada se ha adelantado en la solución del problema, en los cincuenta años que venimos discutiéndole.

Dos son los extremos de la cuestión debatidos hasta ahora: los mismos que han sido objeto de las ponencias de Streng, Snelburg, Hling y Taupper en el Congreso penitenciario —ponencias que por cierto no se han discutido—. He aquí ambos extremos; elegir el mejor sistema para la explotación del trabajo de las cárceles y determinar sobre qué productos industriales ha de ejercerse.

Dos son también los sistemas principales acerca de la explotación del trabajo de las prisiones: por administración, cuyo empresario es el gobierno, y por arrendamiento, que puede ser general o para muchas cárceles —como se practica en Francia—, o particular para cada uno de los establecimientos penales. El empresario de este segundo sistema paga al gobierno una cantidad determinada, mediante cuyo pago adquiere el derecho a dirigir y explotar el trabajo de los presos, pudiendo subastar el arrendamiento, prestando siempre garantías suficientes según la industria, respecto al jornal de los penados, la venta de los productos, etc. Entre estos dos sistemas, hay uno intermedio, que los franceses llaman *a façon,* en el cual el empresario no interviene, directamente en la cárcel, limitándose a entregar a la administración las primeras materias, dictar las oportunas órdenes y recibir los productos manufacturados.

Casi todos los penitenciaristas prefieren, a no ser cuando existan en un establecimiento muchos detenidos, el sistema, de la administración, por razones económicas y disciplinarias, porque el arrendamiento explota con exceso el trabajo de los reclusos, sin rendimientos entonces para el erario público, y porque hay gran injerencia por parte de los contratistas con vigilantes y detenidos: injerencia que es causa de no pocos desórdenes morales y materiales.

La preferencia por uno u otro sistema es considerada por muchos como la clave de la solución del problema, en unión con la clase de los productos que se manufacturen. Insisten sobre todo en que los penados se dediquen a fabricar objetos que se consuman en los mismos establecimientos —utensilios de cocina, camas, ropas, etc.—, o útiles para la administración pública o para la marina de guerra —vestuario, objetos de quincallería, etc.—; que los presos se empleen en la construcción de cárceles u otras obras públicas —dragado de puertos, edificación de fortalezas—, o bien que se introduzca en las penitenciarías una gran variedad de industrias, para que no haya muchos productos de la misma clase, y de aquí la depreciación de los mismos, y además que se acojan industrias no implantadas en la localidad residencial de la penitenciaría. Es indiscutible que estas preferencias de sistema y recomendaciones especiales revisten alguna importancia para atenuar la competencia entre los trabajos libre y carcelario; pero nunca debe olvidarse que no son otra cosa que paliativos ineficaces para solucionar cumplidamente el problema planteado.

Creemos por eso que urge colocar esta cuestión en la esfera de los principios que informan la teoría y la práctica de las escuelas clásica y penitenciaria. Pensamos, en su consecuencia, como muy oportuno exponer algunas ideas generales, susceptibles de mayor desarrollo y dependientes de los principios de sociología criminal que la escuela positivista induce del estudio experimental de los delitos y de las penas.

El primer punto de vista que la cuestión presenta —olvidado ciertamente, no obstante su importancia— es el de que la concurrencia del trabajo de las cárceles y la industria libre tiene un aspecto moral antes que económico. La seguridad de tener trabajo mejor o peor remunerado, y a falta de esto, la seguridad de la habitación y de los alimentos, no están garantidas al trabajador libre, mientras que el preso tiene asegurados los medios de subsistencia y el lugar donde vivir.

El obrero honrado que sufre una crisis general por exceso de población o de producción, se ve despedido por el capitalista, sin que la sociedad se preocupe, como debiera, de si al día siguiente podrá procurarse el pan para su familia. Si enferma, no bien tiene fuerzas, acude a su taller, encuentra su puesto ocupado por otro, y acude en vano a otra puerta, por ser la oferta de trabajo demasiado escasa para que pueda ganarse su sustento.

Y si discurre, acaso con razón: «Soy un hombre honrado, me encuentro sin trabajo y quiero vivir honradamente, para huir de la única, alternativa que la sociedad me deja, o el suicidio o el delito, que me proporcione para mí y mis hijos un pan robado, pero un pan que mata el hambre.»

Ahora bien: en contraposición al obrero honrado, se observa el caso de un hombre que delinque, que se hace condenar, y la sociedad solícita le asegura entonces pan, trabajo, alojamiento, cuando no procura proporcionarle asimismo música y conferencias científicas. Mientras el obrero libre que permanece honrado une al hambre aguda acaso la crónica, el malhechor condenado está a cubierto de esta desgraciada posibilidad.

He aquí el aspecto moral de la cuestión, que conviene no olvidar, porque llegaría a ser un corrosivo lento, pero continuo, del sentido moral, según lo demuestran, por desgracia, los numerosos aunque no graves delitos que se cometen en invierno, con el objeto de procurarse medios de vivir, o de asegurarse por una condena la vida durante algunos meses[1].

En cuanto a la competencia económica del trabajo carcelario, es evidente que éste no puede abolirse, sino que debe desarrollarse en lo posible. La razón es sencilla; si los presos permanecen en la ociosidad, como sucede en la mayor parte de las cárceles europeas, se produce un nuevo gasto que costean todos los contribuyentes, que después de haber sufrido el delito, soportan el daño de mante-

---

[1] Este fenómeno psicológico tiene una manifestación característica en los datos consignados en una estadística, donde se observa que en los años de carestía, disminuyen las tentativas de evasión o las evasiones, sin duda por la ventaja de vivir los presos a costa.

ner a los delincuentes en la ociosidad. De tal suerte, al delito porque fueron condenados, el mismo Estado añadía otro, como dice Spencer, sancionando un nuevo agravio a los ciudadanos honrados. El trabajo, pues, debe ser ley de vida en las cárceles, como debe serlo para todas las personas; el trabajo carcelario, utilísimo en sí, se cambia en inconveniente gravísimo cuando se le convierte —como sucedió en muchas cárceles de Inglaterra, especialmente en los pasados años— en una estéril fatiga material sin producción económica, como el *treadmill,* el *shotelvill,* el *crankwhtel.*

Mas ¿cómo evitar los efectos de la concurrencia económica al trabajo libre, si se ha de dar al de las prisiones el mayor desarrollo posible?

He aquí la cuestión esencial, que debe resolverse, no con paliativos o reformas de detalle, sino con el estudio del problema en su esencia y con reformas igualmente esenciales.

¿Cuál es y cuál debe ser el objeto del trabajo e» las cárceles? Este es el punto fundamental.

Los partidarios de la escuela penitenciaria afirman que el principal y para algunos exclusivo objeto del trabajo en las prisiones, es la disciplina interior del establecimiento, para corregir al delincuente substrayéndole de la influencia del ocio y de las malas compañías durante la expiación de la condena, y al mismo tiempo para darle un medio de vivir honradamente cuando sea licenciado del presidio. Estas afirmaciones constituyen —según hemos advertido anteriormente— uno de los tres axiomas a que se ha concretado hoy la escuela penitenciaria: «aislamiento, trabajo, instrucción»; principios que encierran en sí la reacción más espontánea contra los lamentables criterios imperantes en la Edad Media, acerca del régimen de las prisiones, la vida común durante el día y la noche, el ocio y el abandono moral.

Los discípulos de Howard repiten la necesidad del aislamiento, del trabajo y de la instrucción en las cárceles, como un principio axiomático de esos que no precisan ser muy demostrados, principios que pueden considerarse identificados con los fundamentales de la escuela clásica, como identificadas con la simiente *y* la raíz de una planta.

La escuela clásica enseña que la función represiva ejercitada por el Estado, si bien tiene una razón de utilidad social, se basa en sus funciones y en sus límites, en el principio de la justicia distributiva, debiendo consistir principalmente en hacer sufrir al culpable un castigo congruente a su; culpa moral. De aquí la obligación del Estado de proveer al mantenimiento y mejoramiento del delincuente, cuyo deber único es prestarse a la aplicación del castigo para conseguir la reintegración del derecho vulnerado por el delito.

La escuela criminal positivista,, por el contrario, afirma que el castigo del delincuente —permítasenos esta expresión no muy exacta en orden a las ideas modernas— no es más que una función de defensa social contra los criminales, que encuentra sus condiciones y sus límites, mejor que en las interminables esferas de la justicia distributiva, o en la imposible apreciación de la culpabilidad moral, en la mayor o menor temibilidad del delincuente, que es un hecho positivo y de apreciación también positiva.

El Estado, frente al criminal, no tiene otro derecho que impedir la repetición de sus ataques; por consiguiente, tampoco puede tener otro deber —porque derecho y deber son términos correlativos e inseparables— que el de proporcionar al condenado medios de ganarse la vida trabajando, como se la ganaba o debía genársela cuando estaba en libertad. El Estado, en nuestro sentir, no tiene obligación de mantener gratis al delincuente; esto viene a ser una compensación por prestarse a la aplicación del castigo adecuado a su culpa. ¿Por qué ha de proporcionar el delito la ventaja de no tener que ganarse el reo con el sudor de su rostro el pan, el vestido y la casa?

Garantizar al recluso una vida ociosa, o mantenerle gratis, cuando no trabaja, es sencillamente una inmoralidad.

Dedúcese de estas reflexiones, que el fin principal del trabajo del penado es que se gane por sí mismo la subsistencia.

Es necesario tener en cuenta, además de este objeto final, otras consideraciones olvidadas por las escuelas clásica y penitenciaria, según hemos dicho, al prescindir de que hay víctimas del delito y hasta de la inútil fórmula, que se consigna en todas las sentencias ordenando el resarcimiento de daños y perjuicios.

A estos dos extremos, indemnización a las víctimas, de daños y perjuicios, debe aplicarse también el producto del trabajo de los presos; del que podemos decir que deberá aprovechar al mejoramiento moral del delincuente y tener por objeto esencial *la reparación de los daños,* primero pagando los gastos de su subsistencia, y después resarciendo los perjuicios causados a sus víctimas o a sus familias.

Es preciso cambiar los principios que han regulado hasta hoy la organización del trabajo de las prisiones; es preciso que las cifras del resarcimiento al Estado y a las víctimas del delito —muy exiguas en las actuales estadísticas penitenciarias— aumenten en gran proporción; urge extraordinariamente que los gastos del preso en la cárcel que no obedecen sino a sus caprichos, como el vino y el tabaco, sean reducidos en lo posible. Cuando la administración suministra al recluso el alimento necesario para reparar suficientemente sus fuerzas fisiológicas, conviene que el detenido no permanezca ocioso y que el importe de su jornal no se dedique a cosas fútiles, cuando los obreros honrados y las familias de las víctimas del delito cuentan acaso con un peculio, suficiente solo para no morirse de hambre y de frío.

La ociosidad, no obstante, impera en nuestros establecimientos penitenciarios, y principalmente en los presidios; ¡fenómeno extraño, cuando en las leyes *y* en las sentencias se manda a los presidios a los criminales condenados a trabajos forzados!

No queremos fijarnos en que la mayoría de los penadas, apenas transponen los umbrales de la cárcel y sienten el sordo ruido de la ferrada puerta que se cierra tras ellos, respiran con ansia el aire libre, experimentando la necesidad indomable de gozar la libertad, *y,* entonces, nada de pensar en días más tristes, ni en si puede faltarles el trabajo, sino a gozar, a divertirse con sus amigos de cárcel y compañeros de crimen. El dinero acumulado del fondo de reserva se gasta con frecuencia en orgías y borracheras; la consecuencia de todo esto es un nuevo delito, la reincidencia con su obstinada persistencia.

Pero hay más aun, porque, al fin y al cabo, la previsión del fondo de reserva tiene a su favor la buena intención de pensar que es posible que el preso no encuentre modo de vivir en los primeros días después de, su salida de la cárcel, y, a este objeto le sirva lo ahorrado en la prisión; pero cuando un penado, acaso sin gran provecho, ha trabajado las horas reglamentarías, se le permite ir a la cantina, por la razón de que la comida de reglamento no basta a sus necesidades, o, porque le disguste la monotonía, la crítica encuentra entonces frases acres y duras con que combatir tal sentimentalismo.

¿Por qué la administración no consigna lo suficiente para el mantenimiento del preso —creemos que lo da siempre— y evita de esta manera el bochornoso espectáculo de la cantina? ¿Por qué se prescinde de que el preso es un salteador y un asesino que ha dejado afuera, en la sociedad, huellas de un delito, e» sus víctimas que carecerán de los alimentos más indispensables para su vida?

Dos cifras bastan para poner de relieve, a más del aspecto moral, las consecuencias económicas de estas aplicaciones de la escuela clásica penitenciaria.

En Italia, mientras se gastan al año más de 30 millones de liras por el servicio penitenciario, no se obtiene del producto del trabajo de los penados sino 4 millones. En 1882, de 1.375,000 liras de pagos hecho« por la administración por cuenta de los presidios, 785,000 liras, es decir, más de la mitad, fueron para alimentos, y en los correccionales, de 661,000 liras, 306,000 tuvieron la misma inversión; y, sin embargo, nada aparece en estas cifras como indemnizado a las víctimas del delito.

***

He aquí ahora, y frente a sus principios vigentes, la organización del trabajo en las cárceles, que se deduce de los principios positivos y que reputamos como eficacísima para evitar los peligros de la competencia al trabajo libre, que constituye evidentemente una inmoralidad indirecta, cuando, como hoy, se dispensa al penado un apoyo decidido, asegurándole trabajo, primeras materias y seguridad de venta, contra lo que no puede el trabajador honrado luchar con ventaja.

El Estado debe proporcionar al recluso los medios de ganarse la vida con el trabajo; el Estado debe pagar además este trabajo con relación al precio del libre. Después, el Estado a su vez debe pagarse los gastos hechos en favor del preso y los de administración, procurando que viva con lo estrictamente necesario. Es decir, que, al menos en las prisiones, debe imperar la regla de justicia social, de que no come quien no trabaja, exceptuando únicamente a los enfermos o imposibilitados.

Satisfechos los gastos de alojamiento, comida y vestido del preso, en vez de suministrarle medios para que fume o se emborrache en la cantina, háganse, con el resto de sus ganancias, dos partes: una parte para las víctimas y sus familias, otra para los deudos del preso, nunca para uso personal del mismo.

Respete el condenado las leyes, aunque sea solo por temor al castigo. No sea su cómplice el Estado, secundando las tendencias egoístas del criminal, a quien únicamente se le deberá dar una cantidad de lo que gane, a su salida de la cárcel, y aun para sus gastos, no de capricho, y con grandes limitaciones; y esto solamente cuando haya cumplido sus compromisos con el Estado, con las víctimas de su delito y con su propia familia.

La escuela positivista extrema todavía más sus radicalismos. Entendemos, en orden a la libertad provisional que se concede a los presos de buena conducta, que ésta no debe ser suficiente para dispensar tan gratuitamente aquélla, según lo preceptúan los principios de las escuelas clásica criminal y penitenciaria.

La ley no debería autorizar semejante liberación sino cuando el recluso hubiese resarcido con su trabajo a las víctimas y a su familia los daños que las causó con su delito, principalmente en la parte que el juez y la administración de la cárcel fijen, conforme las condiciones de las víctimas y las circunstancias personales y reales del delincuente. La aplicación de este criterio lograría la enmienda de los delincuentes ocasionales, únicos verdaderamente corregibles.

Opinamos que, cuando el condenado sea puesto en libertad, si tiene fondo de reserva, éste no debe quedar desde luego a su disposición, por las razones apuntadas. Queremos su conformidad con los acuerdos votados por el Congreso antropológico criminal, instituciones especiales algo menos arcaicas que las sociedades de patronato. Querríamos asociaciones de personas que se dedicasen en las cárceles y manicomios al estudio clínico del delito y del delincuente, y que ellas ejercitasen el patronato sobre los libertos que habrán conocido y estudiado. De esta suerte se compenetrarían las ingenuas aspiraciones del sentimiento con las inducciones positivas, y se invertirían los socorros de la asociación, no en todos los presos, sino especialmente en aquellos cuya enmienda era más sincera y probable.

***

Estudiemos ahora brevemente la organización técnica del trabajo en las prisiones, notando, para realizarlo con mayor aprovechamiento, la diversidad de tendencias y conclusiones entre ambas escuelas, clásica y positiva. Habremos de limitarnos a Italia, porque, en gracia al método experimental, no creemos que se pueda fijar *a prior i* un sistema que se adopte a todos los países[1].

Italia, por desgracia, tiene graves peligros de que defenderse con motivo de la malaria producida por las emanaciones infectas del Agro Romano; porque los gobiernos quisieran remediar con actividad y energía el mal, no lograrían su objeto, sino a costa de los infelices trabajadores que se ocupasen día tras día en la mortífera tarea de la desecación. ¿Por qué el Estado no ha de obligar a los criminales más temibles a realizar este trabajo, en bien de la sociedad a la que ofendieron y perjudicaron con sus delitos? Si esto no sucede, no será ciertamente porque se suponga un pretendido derecho en los reos condenados a penas graves, perpetuas o de larga duración, a que no se les acorte la vida; podría negar seriamente a la sociedad el derecho de condenar a muerte a los malhechores más peligrosos, aun reconociendo como reconocemos la inoportunidad y hasta la imposibilidad moral de aplicar este derecho en la forma acostumbrada.

---

1 En la *Relazione del direttore generale delle carceri* (Roma, 1884, pág. 159 y siguientes) se emiten muchas opiniones acerca de lo que consignamos aquí.
Esto, que nos enorgullece por la autoridad de Beltrani Scalia, no demuestra más que la bondad de las ideas personales del ex director general de cárceles, ya indicadas en su *Riforma penitenziaria en Italia* (Roma, 1879). Nada añade por desgracia a la esterilidad de las aplicaciones administrativas, llevadas a cabo en nuestro país y en otras naciones bajo la influencia de la escuela clásica penitenciaria. Aquí también sucede que la práctica no es sino teoría en acción, y para tener una práctica diversa de la experimentada hasta ahora, es preciso cambiar los criterios científicos.
Esto sirve de respuesta a aquellos criminalistas y penitenciaristas clásicos que declararon estar conmigo en estas cuestiones; las conclusiones prácticas pueden imponerse por su evidencia, pero no adquieren vitalidad de aplicación sino cuando están en armonía con los principios generales.

Si las probabilidades de muerte o de enfermedad acechan siempre al obrero libre y honrado, en las minas, en las industrias químicas y aun en las ordinarias, con razón sobrada se pueden correr estas desgraciadas probabilidades por los criminales.

Además, supuesto que para redimir a Italia de la malaria, se necesita el sacrificio de algunas vidas humanas, es indudable que entre los trabajadores honrados y los criminales, éstos deben ser sacrificados [1].

Pensamos que el trabajo de las prisiones debiera ser el agrícola de bonificar las tierras *maláricas,* al menos en la estación del año en que —como sucede con los obreros romañoles que se ocupan en la desecación del Agro Romano— los trabajadores no pueden resistir el clima.

Deben instituirse colonias penitenciarias, compuestas de algunos miles de presos — en Italia existen actualmente más de 17,000 condenados a trabajos forzados—y no por algún centenar, como se ha verificado recientemente en el experimento de *Tre-Fontane,* cerca de Roma; porque, o el experimento no lia resultado, y entonces debe intentarse bajo otros auspicios y con organización distinta, o, como parece, la experiencia en pequeño ha demostrado la posibilidad de que se obtenga éxito, y, en este caso, procede ampliar el experimento hasta un extremo en que solucione suficientemente este problema penitenciario, a la vez económico y social.

Concluida la bonificación por la colonia penitenciaria, las tierras deberían ser convertidas en colonias agrícolas puestas a disposición de sociedades cooperativas de labradores que encontrarían de este modo, sin los padecimientos de la emigración y sin las desilusiones de una política colonial absolutamente empírica, los primeros y más eficaces remedios a su situación actual, cuya penuria les hace envidiar el tratamiento que el Estado garantiza a los delincuentes.

---

[1] No admitimos la proposición de Beltrani Scalia, de que «el trabajo de los condenados a la desecación de tierras pantanosas, en que se consumen y arriesgan sus vidas, tendrán para ellos como compensación una rebaja de pena equivalente a una prolongación de la vida misma». (*Relazione* citada, Roma, 1884, pág. 205.)
Aquí se advierte la diferencia de principios fundamentales: para Beltrani Scalia, parece como que el condenado hace al Estado una concesión trabajando en las tierras pantanosas; para nosotros no es más que una consecuencia de su delito.

Otro trabajo debería ser entregado, a lo menos en la parte más peligrosa y molesta a los criminales; la minería, a que ya condenaban los romanos a los delincuentes más terribles.

En otras industrias tienen lugar indicado los criminales, no perjudicando en ellas a la industria libre; la construcción de prisiones, de fuertes, limpieza de puertos, etc. En Italia, se han hecho experimentos en esta materia, pero siempre en pequeña escala, nunca pasando de la experiencia tímida a la aplicación resuelta.

En orden a la pequeña delincuencia, procede abolir en primer término las penas de privación de libertad, durante breve tiempo, que son inútiles al Estado, perjudiciales al condenado —por regla general, al delincuente de ocasión— y repulsivas al sentido moral y al sentido común. A quienes se aplican hoy estas penas, deberían ser castigados con el trabajo obligatorio, en libertad y privándoles de una parte del salario, que se emplearía en el resarcimiento de daños y perjuicios y el pago de multas. En las penas correccionales cuya duración excede a seis meses, el trabajo de las cárceles debe reducirse a la producción exclusiva de objetos que se consuman en el establecimiento o por la administración pública, como se practica en algunos países de Europa, especialmente en Bélgica, y según comienza a efectuarse en Italia.

Sentadas las conclusiones de la escuela criminal positiva respecto al trabajo de las prisiones, compréndese que no tiene tanta importancia como la que los penitenciaristas conceden a uno u otro sistema para su explotación.

Por consiguiente la solución de la escuela positivista con relación a este trabajo, al par que obliga al penado a trabajar, evita los inconvenientes de la competencia al trabajo libre.

La Exposición carcelaria de Roma ha demostrado suficientemente la realidad de la competencia entre el trabajo de las prisiones y el de la industria libre, y cuán temible para ésta es dicha concurrencia; los compradores acudieron solícitamente en busca de objetos manufacturados en las cárceles, no en verdad por su gusto artístico, que faltaba en ellos por completo, por insuficiencia de dirección técnica en los penales, como decían los documentos oficiales, o por inferioridad mental de los trabajadores, como nosotros decimos; el público acudía presurosamente por la bondad y solidez de los productos y por la inferioridad de los precios. Esta observación es indiscutible. Cabe sostener sin perdernos en cálculos estadísticos, ni invocar la bondad o malicia de sistemas, que la impresión general del bazar carcelario, ha sido ésta: el trabajo de las prisiones puede facilitar al comprador mejores condiciones que la industria libre.

He aquí el significado verdadero de la Exposición carcelaria, para quien se eleva, desde las consideraciones técnicas, a puntos más altos de vista. Así también, otro signo característico de las orientaciones de las escuelas penitenciarias descúbrese en el examen comparativo de las celdas.

***

La Exposición de celdas, en la que figuraba el tipo celular adoptado en los diversos países de Europa *y* América, reproducido exactamente con maniquíes vestidos de vigilantes y guardianes y con figuras de criminales, retratando el tipo de la nación a que la celda pertenecía, hasta los caracteres especiales de las diversas formas de la delincuencia, ha sido la parte más original y elocuente de la Exposición carcelaria. El público, aun no interesándose en la parte técnica, se habrá formado, al menos en la observación solo de una celda y de la comparación de unas y otras, una idea real y exacta de la vida que los Estados moderaos imponen a los delincuentes.

Los visitantes que no tuvieran conocimiento de lo que es un establecimiento penitenciario, si acaso creyeron ver desfilar ante sus ojos una serie de tristes calabozos, han debido extrañarse del aspecto de limpieza y comodidad y... aun de elegancia de alguna de las celdas. El observador resumía presto sus impresiones: el obrero que llegaba tal vez con objeto de adquirir nueva resistencia moral contra las tentaciones que le asedian continuamente en el ambiente social en que vive, el empleado que habrá visto en realidad la conciencia burocrática del poder social; la señora que busca emociones, pronta para sentir y llorar por los pobres prisioneros, el congresista que había de sintetizar en hechos concretos sus conocimientos técnicos; todos, absolutamente todos han expresado su opinión, formulando solo este juicio: «La verdad es que estos presos están tratados muy bien.» En efecto, otra opinión era imposible; otro juicio hubiera sido inexacto. Del *pozzo* veneciano del siglo XIV —por cuanto éste sea una excepción de rigor aun en las prisiones de la Edad Media, y no el tipo común como se ha dicho— en que la mortecina llama de una humosa luz hace más notables la falta de luz y de aire y la tristeza de los muros, a la celda de la cárcel de *San Michele* de Roma, del siglo XVIII, o a la doble celda del ergástulo de Volterra, donde no falta aire ni luz, que penetra alegre por ambas ventanas de la estancia, desnuda y severa, y donde los muebles son groseros y macizos, el progreso es extraordinario y la conciencia humana no se resiente de que la brutalidad haya abandonada a la reforma civilizada su lugar. Compréndese que la vida debe ser allí dentro muy dolorosa, porque nuestra sensibilidad exquisita y nuestras costumbres de bienestar nos pintan, de cierto modo inexacto, las condiciones físicas y morales del criminal; siéntese que existe una relación severa al par que justa, entre las privaciones de la cárcel y el delito del encarcelado.

Mas, se pasa a las celdas de las penitenciarías modernas, como las de Perusa, Milán —en Italia— Noruega, Badén, Austria, España, y particularmente Suecia y los Países Bajos, donde cada individuo ocupa una celda con 32 metros cúbicos de aire, una lámpara opaca de gas, calorífero, timbre eléctrico, retrete de agua constante, un elegante armario con toallas y cepillos para el calzado, para la ropa y para los dientes, y, contemplando estas celdas, la conciencia del público experimenta cierto disgusto moral.

¿Cómo es posible llegar a esta exageración, olvidando que el delincuente ha cometido los delitos más graves, y que deja en el mundo las víctimas de sus crímenes, olvidando que el obrero, el labrador, que permanecen honrados, gozan, sí, del bien teórico de la libertad, pero sufren el hambre y el frío, agrupados en viviendas miserables en los suburbios de las ciudades y en las cabañas del campo? ¿Se ha podido olvidar que hasta el modesto burgués ni aun .sueña, como premio de su laboriosidad honrada, tener en sus casas el timbre eléctrico, el agua corriente y el calorífero?

Cuando escuchábamos a algunos congresistas que abundaban en estas nuestras impresiones impuestas con la evidencia de la realidad, nos preguntábamos: ¿podrá ser que los penitenciaristas incurran en estas, exageraciones y excesos de sentimentalismo en favor de los criminales?

Hemos consignado ya la razón de esta contradicción; aquello que todo partidario de la disciplina carcelaria reconoce individualmente como exagerado, lo encuentra natural y lógico como consecuencia de la escuela apriorística, según la que los continuadores de Howard han estudiado la celda por la celda, y, remontándose en su estudio, han procurado su perfección, sin tener para nada en cuenta los delitos cometidos por el preso, sus víctimas, ni los millones que las celdas cuestan.

Nadie debe extrañar que la escuela positivista, que no separa la cárcel del encarcelado, el delincuente del delito cometido contra la sociedad que lo castiga, afirme resueltamente que ha, llegado el momento de hacer alto en este camino fantástico, peligroso e injusto.

Cabe un término medio entre las exageraciones de las cárceles de la Edad Media y las exageraciones —no menos absurdas e infames— de las prisiones de nuestros días. Del mismo modo que entendemos cuán absurdo y moralmente imposible sería intentar volver a un pasado aborrecible, que negaba al delincuente todo carácter de persona humana, corrompiéndole y aniquilándole con un tratamiento bestial, creemos también que habría de ser altamente peligroso continuar el camino emprendido por las escuelas clásicas penitenciarías, que ven en el preso solo un hombre desventurado, olvidando que es asimismo un delincuente y que, en su consecuencia, no puede ser tratado en forma igual, y quizá mejor, que otros hombres que, siendo igualmente desgraciados, tienen sobre el criminal la superioridad de ser honrados.

En la misma Exposición celular podemos inquirir el tipo de la cárcel moderna, que evite las exageraciones en uno u otro sentido; para ello, pueden ser vimos de base las celdas de la cárcel de *San Michele,* las del ergástulo de Volterra, y las de los penitenciarios de Dinamarca, Inglaterra y América, donde subsiste la severidad de la condena, obligada por el gran sentido práctico de aquellos pueblos, severidad que prohíbe lujos y elegancias verdaderamente inmorales. Sería preciso regular la duración y la forma del aislamiento en el cumplimiento de la condena, considerando las diversas categorías antropológicas dé los delincuentes que la escuela positivista ha fijado; este es un noble objeto, que se debiera estudiar para su realización, aunando la filantropía con la razón, la defensa y la igualdad sociales.

Un personaje augusto que visitaba la Exposición, llegó ante la severa celda americana, y preguntó al delegado en el Congreso penitenciario, cuántos años podía permanecer un hombre encerrado en ella.

—Diez años, —fue la contestación.

A la impresión dolorosa del interrogante, el delegado añadió:

—Y, aun quince años.

—Es doloroso, le objetó, pensando, sin duda, en el hombre que sufre, y el americano replicó con gran calma:

—Sí, pero el delito no es menos doloroso.

Pensamos que puede deducirse de la Exposición celular otra consecuencia que al par que confirma la superioridad de la escuela positivista, viene a confundir a ésta con las escuelas clásicas penitenciarias en un aspecto del problema olvidado en absoluto por ellas.

Visitando cierto día las celdas con un eminente penalista clásico, le dije:

—¿Pero todas estas celdas representan exclusivamente verdaderos establecimientos de pena o pertenecen también a las cárceles judiciales, donde van no solo los condenados, sino los ciudadanos que tienen pendiente un proceso?

—Sí— respondió mi acompañante —son igualmente para los procesados; pero no nos preocupamos de éstos. Lo importante es el aspecto técnico de la seguridad y de la higiene.

Esta respuesta caracteriza perfectamente la tendencia clásica penitenciaria. El hombre que ocupa la celda, está tan en segundo término, que no hay lugar a inquirir si ha sido reconocido autor de un delito o solamente es un procesado; lo esencial es la celda por la celda. Hemos necesitado practicar repetidas investigaciones para conocer cuáles eran las celdas destinadas a presos y a procesados, habiendo sabido que, para diferenciarlos, es menester fijarse, no en nada esencial, sino en el nombre que tenían escrito en su puerta; en las que se decía «establecimiento», eran de casos de pena; en las que se decía «cárcel», eran para procesados.

Con estos datos comenzamos a estudiar la diferencia entre las celdas de establecimiento y de cárceles; mas todo ha sido en vano; en todas se percibía cierto aire de alegría elegante y cómoda, que contrastaba extraordinariamente con la etiqueta fijada en la ferrada puerta.

Y, sin embargo, ¿quién no observa que, existiendo una diferencia enorme entre el condenado y el procesado, debería existir la misma diferencia en la organización disciplinaria de los establecimientos destinados a unos y a otros?

Doloroso es decirlo; en lugar de esta diferencia, el delincuente ve como siendo tal por sentencia del magistrado, se le trata igual que al ciudadano que, mientras no haya sido sentenciado, le asiste el derecho de ser considerado como honrado, porque aunque no haya duda sobre su criminalidad por haber sido sorprendido *in fraganti,* o por haber confesado su culpa nada se sabe del cómo y del cuánto de su responsabilidad.

Esta igualdad de tratamiento constituye un olvido gravísimo en que su apriorismo —permítasenos la frase— ha hecho incurrir a los partidarios de Howard, más acaso en la práctica y aplicaciones que en teoría.

En Italia y en algunos otros países, acaso se ha llegado al absurdo, que es una verdadera inmoralidad, de ser tratados los condenados mucho mejor que los procesados —así acaeció en el proceso de Venecia contra los labradores mantuanos—, tanto en lo que se refiere al local, como porque la disciplina carcelaria italiana coloca en situación tan dura a los ciudadanos procesados, que, en comparación, los presidios y casas de reclusión parecen agradables residencias.

¿Es esta la filantropía tan decantada de nuestros criminalistas y legisladores? ¿Es un progreso verdadero y fecundo? Ignoramos cómo Beccaria y Howard, si vivieran, habrían de llamarlo.

Los criminales, contra quienes ha recaído ya sentencia condenatoria, pueden disfrutar los cuidados de la higiene y todas las exageraciones inventadas por el sentimentalismo, incluso la música y las conferencias recreativas. Los ciudadanos procesados son recluidos en lugares donde la humanidad y el derecho sufren a veces vergüenza.

Los positivistas sentimos y profesamos las aspiraciones más elevadas del sentimiento humanitario, pero la dirigimos y encauzamos hacia objetos dignos, a satisfacciones justas y morales.

La sociedad tiene derecho perfectísimo para impedir al procesado, en muchos casos, la comunicación con los extraños, que podrían destruir o alterar las pruebas sumariales; la cárcel preventiva es, en esta situación, una verdadera necesidad social, aunque protesten retóricos e idealistas; mas, no debe pasarse un límite prudencial, debiendo tratarse al ciudadano procesado como un hombre honrado.

Aceptamos, por consiguiente, para las cárceles judiciales, las celdas expuestas en la Exposición de Roma, manteniendo, sin embargo, los límites razonables y sin incurrir en exageraciones. Empero, nunca admitiremos la confusión entre presos y procesados.

***

Para comprender lo que son y representan las celdas de algunos penitenciarios, debió ampliarse la Exposición con modelos de las cabañas de los labradores, casas de obreros y cuarteles. Entonces se vería en su expresión última a qué consecuencias ha llegado el doctrinarismo criminal, el sentimentalismo penitenciario y la sabiduría de las civilizaciones modernas.

Concretemos ahora, para concluir este estudio, las deducciones de la escuela positivista en orden a la Exposición de productos carcelarios y celdas; la ciencia teórica y práctica de los delitos y de las penas no debe segregar estos hechos del medio en que se determinan, para estudiarlos como abstracciones metafísicas, sino que debe referir su estudio a todas las restantes e importantes manifestaciones de la vida social. Solamente así, según lo verifica la moderna sociología criminal del delito, pueden determinarse sus causas naturales, y en su constitución fisio psíquica individual y en el ambiente social se pueden establecer las relaciones que existen entre el individuo que delinque y la sociedad que castiga. Nunca debe olvidarse que el criminal es un hombre, pero también debe tenerse muy presente que, fuera de la cárcel, ha dejado recuerdos dolorosos y consecuencias tristes de su delito, tampoco prescindiendo de la multitud de pobres honrados, a quienes no puede, ni debe perjudicarse con la competencia inmoral del trabajo de las prisiones, ni haciéndoles envidiar la vida *que se disfruta* en un establecimiento penitenciario.

II

EL DERECHO AL SUICIDIO

El coronel Combes mató de un pistoletazo a uno de sus colegas de milicia, que, herido gravemente sobre el campo de batalla, y para no ser acuchillado per la caballería enemiga, le pidió esta última prueba de fraternal amistad (Dalloz, *Repertoire de jurisprudence.* Crímenes contra las personas, 124).

La condesa de Battyaní, durante una visita a su esposo encarcelado por un delito deshonroso, le entregó un cortaplumas, con el que se abrió las venas antes de comparecer en presencia de sus jueces. (HOLSZENDORF, *Nord und podesstrafe,* Berlín, 1875, p. 30).

Otro tanto ocurrió con el conde Faella —explicábamos entonces en la Universidad de Bolonia (1882)— que, acusado de asesinato, obtuvo de su mujer, el veneno liberador.

Un hombre que padecía una enfermedad absolutamente incurable, pidió, con plena conciencia de su doloroso destino, al médico, quien no vaciló en proporcionárselo, un narcótico que abreviase su agonía.

Léase en la *Tribune judiciarie,* de Junio de 1893, que Sepión, condenado a muerte en Nueva York, intentó suicidarse golpeando fuertemente su cabeza contra los muros de su calabozo. «Se le curó cuidadosamente, vigilándole con todo género de seguridades para impedir un nuevo atentado. Conducido poco después al *sillón eléctrico* fueron necesarias dos descargas para ejecutarle».

En Enero de 1889, Rodolfo, príncipe heredero de Austria, asesinó, ciertamente con su consentimiento, a la joven y hermosa baronesa Betschera, suicidándose después.

Las crónicas de sucesos semejantes, aunque con protagonistas menos conocidos, ocupan frecuentemente las columnas de la prensa diaria. Si el amante que dio muerte a su amada tiene la desgracia de sobrevivirle en su inmediata tentativa dé suicidio, se abre un proceso contra él. Un hombre intenta suicidarse, sin acudir a ningún amigo. Los tribunales de casi todas las naciones civilizadas no se preocupan de este caso; empero, sí parece importarles extraordinariamente que el suicida se haga ayudar en sus propósitos, para la adquisición del arma o del veneno, o bien pereciendo materialmente a manos de un amigo cariñoso.

Entre todas las legislaciones penales que conocemos solamente las de Inglaterra—ley I *Hale p. c.*, resumida en el art, 227 del *Digest of the criminal Law,* de M. Stephen;—Rusia art. 1473 del Código Penal de 1866 —y Nueva York— párrafo 174 del Código Penal de 1866 —abren en los casos de simple suicidio, un proceso criminal por «intento de suicidio.».

Así, las estadísticas judiciales de la Gran Bretaña arrojan en 1889, 106 acusados—76 hombres y 30 mujeres—por *suicide attemptto committ;* 22 murieron en el acto, uno fue por enajenación mental y fueron condenados 84, de los que 34 lograron bajo fianza la libertad, 30 sentenciados a menos de un mes de cárcel, 13 de uno a tres, y 7 de tres a seis meses.

Finalmente, en el Japón, el Código Penal de 1880, revisado en 1S86 por el magistrado francés M. Boissonade, castiga, en su artículo 320, con seis meses hasta tres años de prisión, el tradicional *hara-kiri,* impune hasta entonces; es decir, la acción de aquel que, padeciendo una enfermedad mortal o cumpliendo condena por un delito deshonroso, se suicida por sí o por un amigo.

Esto significa que el hombre no tiene, en absoluto derecho a morir, cuando le viniere en gana, sino que, por el contrario, a lo menos teóricamente, debe procurar vivir.

Todo derecho sancionado por las leyes no es otra cosa que una conquista, más o menos legítima y moderna, del individuo frente a la colectividad. Ahora bien, predominando siempre los intereses y las condiciones de existencia de la sociedad, es evidente que el derecho a la. Vida —desconocido por los pueblos salvajes y negado aún en los inicios de la civilización ¡derechos de vida y muerte) por la antigua Roma, que entregaban al acreedor la vida del deudor insolvente, a los padres las de sus hijos y a los amos las de los esclavos— se impuso presto a la humanidad, porque la tribu, la familia y la colectividad se apercibieron al instante de que, permitiendo el suicidio entre los conciudadanos, debilitábanse más y más en provecho de las tribus, familias y colectividades rivales. Esto no habría de impedir en modo alguno autorizar y aun glorificar la muerte de los individuos de otra tribu, en virtud de un principio, llegado hasta las civilizaciones de nuestros días, que sostiene que la muerte de un extranjero es lícita, cuando ocurre entre militares y en el campo de batalla.

El derecho a vivir, por consiguiente, ha sido sancionado en absoluto por todo individuo perteneciente a un país civilizado. No así el derecho a morir, el derecho al suicidio.

Esa misma preocupación egoísta de evitar el debilitamiento de la colectividad por la muerte libérrima de los individuos que la constituyen, ha sido indiscutiblemente la causa fundamental de la sanción, harto limitada, que se ha concedido hace poco tiempo a este derecho al suicidio.

Las creencias religiosas, que se adaptan siempre a las condiciones de existencia de cada sociedad, han lanzado en seguida contra ese derecho una legión numerosísima de excomuniones y anatemas. El suicidio, no interdicto en absoluto por el estoicismo griego y por el politeísmo romano, ha sido calificado de gravísimo sacrilegio por el cristianismo, y penado durante la Edad Media y hasta en el siglo XIX, como delito, por todas las legislaciones.

El suicidio es castigado todavía, según hemos dicho anteriormente, en Inglaterra, Rusia y Nueva York, con una condena penal, y en el caso de muerte con la incapacidad civil que anula el testamento del suicida.

De una parte, los progresos jurídicos, de día en día más admirables, acerca de la personalidad y de la libertad individual en sus relaciones con el organismo social; y, de otra parte, la convicción, cada vez más profunda, de que el suicidio es, en la mayoría de los casos, electo de una enajenación mental oculta *o* desarrollada, o por lo menos el acto cobarde de un vencido en la lucha por la existencia, han determinado en casi todas las legislaciones penales, el principio de la impunidad del suicidio, realizado o frustrado.

Las sociedades civiles han glorificado también en ciertas ocasiones, el suicidio; por ejemplo, cuando el soldado Pedro Micca, ilustre héroe italiano, incendió en 1806 un polvorín —bajo cuyos escombros pereció— para evitar la entrada del ejército francés en Turín.

No obstante, mientras que se autoriza, por un interés más o menos legítimo, si no el suicidio determinado, a lo menos el suicidio probable, en los trabajos peligrosísimos de los acróbatas y de los domadores, etc., el principio de que todo hombre puede disponer, a su antojo, de una vida que a nadie pidió y que le puede resultar insoportable, acaso por culpa de la misma sociedad, no es admitido cuando el individuo reclama, para el ejercicio del derecho al suicidio, el auxilio ajeno.

Algunos códigos penales, castigan, como delitos, el apoyo al suicida, y más enérgicamente el asesinato con consentimiento y ruegos de la víctima, y, cuando la ley calla —como en Francia, Austria, Bélgica, Brasil, etc.— algunos jueces y jurisconsultos sostienen que el suicidio debe ser penado como el homicidio. Se ha dicho, en efecto, que si el suicida es el asesino de sí mismo, es también un homicida; y que «si la ley no estima útil y conveniente castigar al autor principal, su silencio no impide hacerlo con el cómplice, de igual suerte que se castiga al cómplice del menor que roba a su padre».

Creemos sin embargo que la sanción penal de la ley o esta interpretación acerca de su silencio no pueden ser justificados, ni representan otra cosa que el residuo tradicional de la primitiva ignorancia del derecho al suicidio.

La antigua distinción filosófica entre los derechos *innatos* e inalienables y los derechos *adquiridos* y alienables, no es aplicable a la sociología jurídica. Todo derecho es, al mismo tiempo, innato —porque deriva de las condiciones de existencia individual y social— y adquirido, porque todo derecho reconocido, el derecho a la vida, que es el más antiguo, como el derecho de la libertad personal que es el más reciente, es solamente el resultado de una lucha secular librada por el individuo contra la colectividad. Así pues, «el patrimonio jurídico» que los filósofos juristas declaran como perfecto y concluso para todo hombre, es, muy por el contrario, harto susceptible de ulteriores evoluciones; el hombre de los siglos venideros disfrutará mayor número de derechos que nosotros, como nuestros derechos exceden en número y calidad a los de nuestros antecesores.

El «derecho al trabajo», por ejemplo; es decir, el derecho a no morirse de hambre cuando el trabajo es el único medio de vida, ha sido reconocido por las legislaciones modernas; mas, la cuestión de *las crisis obreras* es cada vez más crítica *y*, bajo su sugestión, la conciencia colectiva se modifica en el sentido de reconocer juntamente en todo hombre, el derecho y el deber de trabajar para vivir.

Dedúcese de aquí, que el único argumento serio que cabe oponer al derecho del suicidio —afirmar que el derecho a la existencia es innato, y, por consiguiente, inalienable y fuera de la voluntad personal, porque todo hombre debe su vida a su familia y a la sociedad de que él forma parte, aunque sin haberlo exigido así, al venir a este mundo— carece de fundamento positivo.

Su consecuencia lógica sería, desde luego, el castigo del suicida, cada vez más incomprensible.

Podíamos alegar igualmente que el individuo tiene deberes y derechos solo cuando vive en sociedad.

Robinsón Crusoé careció de unos y de otros, porque ellos surgen simultánea e indisolublemente en las relaciones de un hombre con otro u otros hombres. Es decir, que el individuo no tiene deberes y derechos *más que viviendo en sociedad;* si prefiere emigrar de una colectividad especial, o del mundo de los vivos —suicidio— se exime de todo deber y de todo derecho.

Vivir en sociedad es la condición previa y fundamental de los deberes del individuo para con la colectividad. Mientras que él permanezca en ella, debe obedecer sus condiciones de existencia; mas, si le place abandonarla, renuncia a toda participación en la vida social, a sus utilidades y a sus quebrantos.

Este derecho ha sido reconocido recientemente a propósito de la libertad de emigración, negada merced al perjuicio que fundamenta el poder de una nación en el *número* de sus habitantes, hasta nuestros días.

El derecho a emigrar del mundo de los vivos, a traspasar voluntariamente la frontera de la vida, indiscutible hoy para los casos de suicidio, debe serlo asimismo en el orden al auxilio al suicida y hasta en el asesinato con el consentimiento de la víctima.

En efecto, nunca hemos podido comprender por qué se establece diferencia tan enorme entre el caso de ayuda al suicida —tratado con notable lenidad por las leyes penales— y el caso de asesinato con el consentimiento de la víctima que legislado por una disposición especial únicamente en España, Portugal, Hungría y Holanda, es considerado en los restantes países como una forma ordinaria de homicidio.

Ahora bien, los ejemplos citados en el comienzo de este estudio, demuestran que ninguna diferencia *moral* existe entre aquel que proporciona al suicida los medios de quitarse la vida —que no podía procurarse de otra suerte— y aquel que mata materialmente a un hombre que se lo ruega así por carecer de la energía física o psíquica necesaria para verificarlo por sí mismo.

La conciencia popular asiente a nuestras aseveraciones. Muy cierto que los tribunales de derecho condenan, algunos casos de suicidio; mas los jueces de hecho, los tribunales del pueblo, el jurado, absuelven, por el contrario, casi siempre a los suicidas y particularmente en los procesos contra el amante que ha sobrevivido a la muerte voluntaria de la mujer amada y a la tentativa febril de su suicidio inmediato.

Los amantes infortunados acuerdan suicidarse.

Si logran su propósito, la justicia humana nada tiene que ver con ellos.

Mas, si uno de los dos sobrevive, entonces la legislación penal de varias naciones cae sobre él, castigándole como a un criminal vulgar.

Afirmamos por consiguiente que si el hombre tiene derecho a suicidarse —numerosos países lo reconocen así—, no hay por qué negarle el derecho de hacerse matar.. Así no deben ser castigados ni el suicida ni el que colabora, previo consentimiento de aquél en el suicidio.

Ahora bien, es preciso sumar, a esta teoría moral y política muy en armonía con la conciencia moderna de la vida social de nuestros días, una última observación para ampliarla y hacerla más congruente a las afirmaciones científicas de la psicología y de la psicopatología del suicidio individual y del suicidio de dos.

Queremos significar que, estudiando el caso de quien colabora en el suicidio, conviene muy mucho conocer los motivos determinantes de esta intervención. Esto no se refiere al que se hace matar.

Todo acto humano es moralmente indiferente considerado en sí mismo: quitar a un hombre la vida puede ser un acto criminal o un acto legítimo, según el motivo que determine al matador; por ejemplo, la venganza o la legítima defensa. De igual manera, un acto de beneficencia puede ser inmoral, si obedece a motives inmorales.

En su consecuencia, aun en el caso simple ayuda al suicida, la pena más leve, es absurda por defecto o por exceso. Ella no es otra cosa que un *medio,* una transacción. No cabe, pues, dudar de su insignificancia: es siempre uniforme, como los capotes de los soldados que, de la misma medida, son demasiado largos para los bajos y harto cortos para los altos.

Si aquel que ayuda al suicida, lo verifica dejándose impulsar por motivos inmorales o criminales —el odio, la venganza, la ambición de heredar, etc.—, es un verdadero asesino —asesino *fraudulento* en vez de ser asesino por *violencia*—, entonces la pena especial y atenuada no corresponde a su crimen ni a su personalidad social y antihumana.

Mas, si el que interviene en el suicidio, lo efectúa no solamente con el consentimiento de la víctima, y a sus instancias, sino también por motivos morales y humanitarios —la piedad, la amistad, el amor—, entonces el derecho de la víctima al suicidio y a hacerse matar se armoniza con la intención benévola del agente, —a quien no puede ni debe considerarse como un ser antisocial. Entonces, el juicio moral y legal sobre su acto debe sancionarlo y aprobarlo, aun a despecho de las costumbres hipócritas impuestas a nuestro siglo por una moral plena de absurdos y ridículos convencionalismos, engendros de la necia tradición.

III

POLICÍA JUDICIAL

La prevención social, por eficaz y profunda que sea, no podrá desvanecer la posibilidad del crimen como fenómeno aislado de patología individual y social.

Inténtase al presente dar a la defensa penal del delito un carácter social eminentemente racional, utilizando los datos de la antropología y sociología criminal.

He aquí los dos ejes sobre los que gira el complicadísimo engranaje del juicio penal: la responsabilidad *material* del hecho —en tanto que el reo es realmente el autor de la acción reputada como criminal— y la responsabilidad *moral* del autor —en tanto que éste obra impulsado por su libre albedrío, completo o incompleto—. En efecto, la pretendida dosimetría de la culpabilidad moral es la condición *sirte qua non* de la dosimetría penal.

No cabe dudar que, de ambos ejes del juicio penal solamente el primero debe subsistir, pues siempre será necesario inquirir quién es el autor del hecho antisocial y peligroso, del mismo modo que al médico le es necesario conocer al individuo atacado de tal o cual enfermedad.

El juicio penal —valga esta frase, cuyo significado, tradicional nunca estará de acuerdo con la realidad— deberá proponerse vínicamente el descubrimiento de la responsabilidad material, es decir, la *compilación,* la *discusión* y la *decisión* de las pruebas relativas ya al hecho ya al autor.

Para unir estas pruebas, existen la policía judicial y los jueces de instrucción criminal. Estudiemos la primera y sus procedimientos de investigación.

El antagonismo y dualismo entre la policía y los jueces de instrucción es un hecho conocido por todos El celo ante los Superiores y la opinión pública, el amor propio, la falta de acuerdo orgánico entre las dos instituciones, la diferente altura y la arbitrariedad, más o menos tolerada por las leyes, son las causas de esta rivalidad.

Urge hacer de la policía judicial una parte de la magistratura encargada, desde el simple agente al juez de instrucción, de recoger las pruebas. Para lograr este fin, es preciso un personal instruido suficientemente para esta función social —versado, por ejemplo, en la antropología, psicología, psicopatología, medicina legal, etc.

En cuanto a los medios de investigación hay todo un catálogo de medias científicos para descubrir los crímenes y criminales. En la América del Norte se han practicado algunos ensayos con las columnas de alarma —aparatos telegráficos— en las calles, con el telégrafo de alarma en las casas aseguradas contra el crimen. Pero es evidente que la fotografía, fonografía, radiografía, las medidas antropológicas —Bertillonaje— les museos criminales, etc., podrían dar a la policía judicial medios menos empíricos y más seguros. Sobre todo, el uso general de los boletines antropológicos—de las escuelas, institutos de beneficencia y patronaje, en el ejército, etc., — para catalogar las caracteres físicos y psíquicos, especialmente de los niños, será muy útil no solo para la represión penal— como se ha ensayado en Bélgica para los jóvenes criminales —sino para la prevención de la criminalidad.

La instrucción criminal confiada a magistrados especialistas deberá ser una función rigurosamente científica y no, como sucede en la actualidad, un montón de pruebas de escaso valor, recogidas por la policía judicial para desvanecerse a la luz de los debates públicos.

Será preciso, para dar a la instrucción criminal este carácter científico, esperando el momento en que los magistrados sean médicos expertos, instituir o agregar a cada tribunal un colegio de antropólogos, psiquiatras, etc., que emitirá su opinión acerca de todos los crímenes *y* delitos que el juez de instrucción no juzgue reprimidos suficientemente con la indemnización de las víctimas.

La aplicación metódica de la fisiopsicología criminal, profundamente accidental hasta hoy, será entonces una realidad.

Así, por ejemplo, en Nápoles, el psiquiatra Bianchi ha evidenciado la falsedad de las acusaciones de Conti, histérico calumniador, que burlaba a la policía y a los jueces ignorantes de sus condiciones mentales El profesor Ceneri ha demostrado la inocencia del abogado Palloti, acusado de complicidad en un asesinato, por una mujer histérica y calumniadora. El ilustre Lombroso, examinando un reo llamado Bersona, al pletismógrafo, acusado de un gran robo, ha probado su inocencia—porque cuando se le hablaba del robo, los latidos del corazón eran muy regulares, —pero reputándole autor de un robo de que no era acusado— oyendo hablar de él, el fimógrafo acusaba enorme irregularidad en las pulsaciones. La instrucción criminal y las declaraciones del propio reo confirmaron estas experiencias.

En las penitenciarías, Lombroso, y yo mismo, estudiando con mis discípulos a los condenados, hemos podido comprobar por los datos antropológicos y psicológicos; las protestas de inocencia de los detenidos, víctimas de los errores judiciales[1].

El profesor Vossin, de París, ha demostrado, por Tina aplicación análoga del examen fimográfico, la simulación de las convulsiones epilépticas de un pobre que explotaba su fingida enfermedad.

La instrucción no debiera hacerse secretamente —residuo, además de la inquisición medioeval y origen de infinitos errores y abusos.—La publicidad de la instrucción criminal instituida en Génova, y posteriormente en Francia, bajo determinadas condiciones, y por la intervención del abogado, será cada vez más perfecta a medida que la instrucción sea más científica; entonces se obrará como en los hospitales y clínicas donde, salvo las restricciones transitorias y parciales impuestas por la necesidad y urgencia de loa casos, no se guarda ningún secreto.

---

[1] Consúltese el tercer volumen de *El Hombre delincuente* por C. Lombroso.

IV

PREVENCIÓN SOCIAL DE LA CRIMINALIDAD ALCOHOLISMO, INFANCIA ABANDONADA Y VAGANCIA

I. Alcoholismo.- Podemos considerar como muy principales, entre las primeras causas de la criminalidad, el alcoholismo, la infancia abandonada y la vagancia. La eliminación de estas plagas contribuye extraordinariamente, como ha sucedido en Génova y en Inglaterra, a disminuir la criminalidad. En efecto, los otros sustitutivos de las penas son harto parciales para ofrecer una influencia general y profunda. En la prevención social, es necesario recurrir a la «gran industria», a la acción amplia, más eficaz que la *pequeña industria* de las reformas aisladas.

El alcoholismo, como la vagancia y la criminalidad, ha existido siempre, aunque bajo formas diferentes; no obstante, ha llegado a su apogeo, más universal y terrible en nuestro siglo. Esto evidencia que él no es electo de la voluntad libre, sino resultado y producto de la civilización moderna.

La gran causa del alcoholismo es el industrialismo. Este obliga a los obreros a un trabajo enervante y destructor que les fuerza a acudir a la energía transitoria y fatal que el alcohol proporciona. Por otra parte, el industrialismo produce el alcohol más barato y en calidad—cada vez más perjudicial: del alcohol de vino se ha pasado al de patatas o de madera—desconocida por los siglos anteriores en que el alcohol era nombrado *agua de vida,* precisamente por su empleo casi general en los medicamentos.

Existía la embriaguez —por el vino, cerveza, sidra —pero no el alcoholismo. Magnus Huss lo describe por primera vez en 1849-1850. La borrachera, más o menos alegre y locuaz, tiende a desaparecer para dejar el sitio al alcohólico iracundo, pálido y brutal.

La embriaguez ha existido siempre como lo prueba la manzana de Eva, la *soma* de la India, símbolos de las bebidas fermentadas. Una leyenda árabe nos habla de una viña «plantada por Adán y regada con sangre de mono, de león y de cerdo», aludiendo indudablemente a los efectos de la borrachera, que ha sido el vicio dominante de las clases ricas de la Edad Media y que ha desaparecido por la evolución de las condiciones sociales y con el abuso del café y té. La humanidad primitiva que no tenía bebidas, mostraba afición desmedida a los movimientos extravagantes y rítmicos-danzas de los salvajes.

El alcoholismo por los licores —de igual manera que la perturbación mental por el opio, morfina, etc.—, es una causa poderosísima de degeneración intelectual y moral, en los alcohólicos—según lo demuestra Morel—y en sus descendientes.

Muy pocos hombres de genio han sido alcohólicos —Avicenna, Byrón, Bethoven, Musset, Poe—. Por el contrario, los crímenes más atroces —sin causa o motivo aparente— son casi siempre engendros del alcoholismo, singularmente entre los epilépticos y epileptoides.

No cabe dudar, por tanto, que el alcoholismo y la criminalidad están relacionados íntima y profundamente. En Bélgica, de 2,820 detenidos por crímenes, se ha descubierto que 1,157 estaban alcoholizados en el momento del crimen; entre 218 condenados a muerte, había 121 alcohólicos.

Hemos podido comprobar en nuestros estudios acerca de la estadística de Francia, que el alcoholismo por el vino influye directamente sobre la criminalidad contra las personas y contra las costumbres. En los años de asolación de las viñas por la filoxera, se ha observado una disminución apreciable en los delitos de heridas y lesiones y en los atentados contra el pudor; la criminalidad de sangre en su número mensual decrece desde el mes de Agosto hasta la primavera y aumenta en Noviembre, es decir, en la época de las vendimias. Sin embargo, algunos —Fournier, de Flaix, Colajanni—

admiten que el alcoholismo es un veneno individual, negando, por una extraña contradicción que sea una plaga social. Esta tesis no es más que una interpretación errónea, pues sus fautores han procurado impugnar lo que nadie ha defendido: que el alcoholismo sea la *causa única* de la criminalidad, de la locura y del suicidio. Todos sabemos perfectamente que otras causas sociales —miseria, ineducación, etc.—, y telúricas —clima, influencias palúdicas, etc.—, determinan la criminalidad, pudiendo duplicar y aun paralizar las causas del alcoholismo. Por ejemplo, en Italia, donde el alcoholismo no está tan extendido como en los pueblos del Norte, hay, a pesar de esto, algunas provincias —Abruzzos— donde no hemos podido explicarnos la criminalidad más que por el hábito de beber en gran cantidad vino cocido eminentemente alcohólico.

Estudiemos ahora los factores antropológicos, telúricos y sociales del alcoholismo, verdadero fenómeno de patología individual y social:

El factor antropológico, refractario a toda propaganda, es la necesidad de la expansión que el hombre necesita naturalmente y que se hace crónica cuando la fatiga y el agotamiento orgánico producido por el trabajo empujan al abuso del alcohol. Por esta misma razón, se utiliza con provecho el alcohol en los tratamientos de ciertas enfermedades.

El factor telúrico reside en el clima que, con más o menos frío, enervando las fuerzas, excita a la bebida; por la influencia del clima, se bebe agua en los países meridionales, en el Norte vino, y, por último, en las regiones próximas al Polo, alcohol y aceite.

El factor social, por una parte, se resume en dos palabras: miseria y fatigas; y, por otra parte —el alcoholismo existe también entre las clases acomodadas—, es debido a la ociosidad y a la lucha febril por el dinero.

Esto torna epidémicos y crónicos el deseo y abuso del alcohol, de otra suerte, intermitente e individua!

Este factor social, en la forma de miseria y fatiga, puede explicar el aumento terrible del alcoholismo en la segunda mitad del siglo XIX. En algunos países, Como Suecia, Noruega, Dinamarca, Islas Británicas *y* Estados Unidos, este aumento es menor y casi imperceptible —en ellos disminuye el consumo del alcohol, aumentando el de cerveza—; en otros pueblos, especialmente en Francia y Bélgica, el alcoholismo ha logrado unas proporciones verdaderamente alarmantes. En Rouen, por ejemplo, se ha calculado por el consumo medio, excluyendo a los niños y el 2/3 de mujeres, que los hombres adultos beben de medio litro a 3/4 de litro de licor por día. En 1893-1894, la bebida media anual de cada habitante —incluyendo las mujeres y los niños— era de litros:

	Islas Británicas	Dinamarca	Alemania	Bélgica	Italia	Francia
Alcohol (a 50°)	4	14	90	9	0'7	8
Vino	1	1	3	3	110'0	79
Cerveza	136	103	108	182	0'8	23

¿Cómo combatir el alcoholismo? La iniciativa in di vidual y la acción gubernamental han propuesto numerosos medios a este propósito; empero todos se resienten del defecto de venir de lo alto como una imposición legal, olvidando en absoluto las condiciones sociales que convierten el alcoholismo en una llaga epidémica.

Remedios represivos.- Estos son los más comunes y de aplicación más fácil; pero también los menos eficaces y más estúpidos. Copiando de Inglaterra las leyes de 1862 y 1872, todas las legislaciones han dictado leyes contra los beodos y los comerciantes y fabricantes de bebidas alcohólicas; se ha llegado en este punto hasta anular la patria potestad. Ahora bien, los jueces no condenan, reconociendo cuán ilógico es castigar los efectos cuando subsisten las causas. Esto ha sucedido en Francia con la ley Roussel.

Remedios fiscales.- Los ministros de Hacienda de todos los países se han apresurado bajo la égida de la filantropía y de la higiene social, a gravar los impuestos sobre la fabricación y la venta del alcohol, impuestos por los cuales el Estado ruso ingresa anualmente 700 millones y Francia 500 millones.

Otros países han propuesto y adoptado la rebaja de los impuestos sobre el vino y la cerveza —lo que es relativamente racional— y también de los alcoholes llamados industriales que se expenden en las tabernas, transformados por un procedimiento que les hace imbebibles y doblemente venenosos.

El efecto principal de estos impuestos es adulterar viciosamente las bebidas alcohólicas y, en su consecuencia, favorecer y propagar el envenenamiento público; esto justifica que las condiciones sociales sean suficientes para empujar, al pueblo a la bebida de los licores.

En Suiza existe, desde 1887, el *monopolio del alcohol* por el Estado. La disminución estadística que se ha observado, a partir de esa fecha, en la bebida, es probablemente un fenómeno aparente, pues las cifras podían ser inexactas antes del monopolio.

En realidad de verdad, después del establecimiento del monopolio, la bebida media del alcohol ha sido casi invariablemente de 6,2 en 1888 y 6,3 en 1894.

Remedios de policía.- Nos referimos a las medidas restrictivas contra la venta de las bebidas alcohólicas. Entre estas medidas, se cuentan el sistema le prohibición absoluta —Estado de Maine— y la empresa de expendición por sociedades de temperancia —sistema Gotheburg,— cuyos empleados —asalariadosningún interés pueden mostrar en vender gran cantidad de licores, por tener una participación en los beneficios de la venta de los líquidos higiénicos —café, té, etc.

Se han promulgado restricciones fiscales que consisten en pagar el derecho de licencia para abrir una taberna; hay también una limitación legal del número de puestos de venta con relación al número de habitantes; la obligación civil de los taberneros de indemnizar a las familias de los alcohólicos a quienes vendieren en estado de embriaguez bebidas, etc. La fantasía puede inventar centenares de medidas policíacas, mas, su efecto será siempre el mismo. El número de despachos ejerce una influencia mínima sobre el consumo del alcohol; por ejemplo, en Holanda hay una expendeduría por 132 habitantes, y en Bélgica, una por 35. A pesar de esta diferencia verdaderamente enorme, el consumo es casi igual —9 litros de alcohol de 50° por año— en ambos países.

Remedias psicológicos.- Estos son, en nuestra opinión, los más útiles, pues se encaminan a implantar, por la propaganda, la abstención absoluta o relativa de las bebidas alcohólicas; ejemplos de esta propaganda: la del padre Mathiew, en Irlanda —1847— y la sociedad de temperancia, de mujeres, la propaganda en las escuelas, etc., etc.

Todos estos remedios representan un gasto enorme —y admirable— de energía y esfuerzo para conseguir un resultado muy restringido e incierto, que cede siempre ante la influencia real y terrible de las condiciones sociales que favorecen el desarrollo del alcoholismo.

Remedios médicos.- Los principales son los asilos para alcohólicos —*drunkard's asilums*— establecidos en América, Inglaterra y Suiza. La eficacia de -estas fundaciones es limitadísima, y su método puede aplicarse únicamente a algunos centenares de individuos. Las víctimas de la plaga alcohólica suman, desgraciadamente, bastantes miles.

Todos estos remedios son inútiles y estériles. Podemos afirmar que ellos no extinguirán el alcoholismo, para cuya destrucción solo sirve el *remedio social*, es decir, la elevación de la vida popular —disminución de las horas de trabajo, aumento de los salarios, educación de la vida familiar, diversiones higiénicas, teatros, etc., sustitutivos a las tabernas. Solamente por esta atenuación y eliminación de las causas del alcoholismo, veremos los efectos atenuados y disminuidos; de igual suerte que la embriaguez casi ha desaparecido de las clases acomodadas, en las que tan general era durante la Edad Media, por la evolución de las condiciones sociales.

II. Infancia abandonada.- La infancia abandonada, verdadera epidemia de las sociedades modernas, es otra de las plagas de la civilización contemporánea, y fuente y plantel de la criminalidad por hábito de la reincidencia.

Imposible desconocer que la infancia abandonada es un producto del industrialismo de nuestros días,- que forzando día y noche a los hombres y mujeres al trabajo, ha destruido la vida de la familia. Así, los hijos del proletariado crecen en el arroyo, adiestrándose en la mendicidad, en las raterías, en los delitos contra el pudor, etc. Hasta son inducidos en algunas ocasiones por sus mismos padres, cuyo sentimiento moral ha desaparecido en absoluto por los embates de la miseria.

Es necio pensar que la justicia penal puede influir algo en beneficio de la infancia abandonada y criminal. Por una parte, se admite *a priori* como principio, la irresponsabilidad moral —y, por ende, legal— del menor, escalonándola de período en período, según la edad, es decir, según las cualidades del libre arbitrio y responsabilidad. Aquí aparece el constante prejuicio de ala escala del crimen», en virtud del cual se afirma que el joven debe comenzar por los pequeños delitos, recorriendo así una especie de carrera burocrática del crimen. Muy cierto que la infancia abandonada que empieza por la comisión de leves delitos, nunca llega a cometer grandes crímenes; esos pequeños elimínales son siempre los microbios del mundo delincuente, tan reincidentes como peligrosos. Los grandes criminales inician en su juventud y aun en su infancia sus explotaciones; la precocidad es uno de los caracteres más notables de la criminalidad instintiva. Cuando se admite en el niño un tercio o una mitad de responsabilidad moral, con nuestro sistema carcelario, pleno de defectos, lo que se hace es enviarlo a una escuela de perfeccionamiento en el crimen, pues el contacto con los criminales más degenerados contribuye extraordinariamente a desarrollar sus aptitudes.

Urge para acabar con este plantel de la criminalidad, substituir los medios represivos por los preventivos que deben adaptarse a las diferentes categorías de este ejercicio precoz.

También es necesario distinguir la infancia *materialmente abandonada* —infancia recogida, huérfanos— que muere en su inmensa mayoría en la juventud, y la restante, casi toda, se hace criminal, de la infancia *moralmente abandonada* que alcanza doble proporción que la infancia *maltratada.* Esta es casi siempre víctima del histerismo o de la histeroepilepsia de las madres, cuando no objeto de la explotación de una avaricia canibalesca.

Este último hecho se ha observado elocuentemente en Inglaterra, donde han muerto en cinco años por abandono 19,000 niños, cuya vida estaba asegurada por sus parientes. Los hijos de los delincuentes, alcohólicos, vagabundos y mendigos, constituyen el fondo de la infancia abandonada, por cuyas venas corre también el virus hereditario de la degeneración. Al lado de estos y del gran número de menores necesariamente abandonados, está el número de los internados obligatoriamente por sus padres en las minas, fábricas, etc.

Menos numerosas aunque de mayor peligro son las dos últimas categorías de esta plaga social que venimos estudiando: la infancia *viciosa* y la infancia *criminal.*

Del mismo modo que para el alcoholismo, se han ensayado con la infancia abandonada toda clase de remedios.

Para, los niños materialmente abandonados, se ha ensayado resolver el problema de las solteras-madres por medio de los socorros a domicilio, de las leyes sobre las investigaciones de la paternidad, y sobre la responsabilidad de los seductores; se ha llegado hasta legalizar el estado de concubinato tal como existía en el Derecho romano.

Para las restantes categorías de la infancia abandonada se han propuesto dos sistemas: la creación de *establecimientos análogos a los cuarteles* —escuelas de corrección, industriales, etc.—, y *la colocación de los niños en familias honradas;* este es, a nuestro juicio, el remedio más eficaz e higiénico, pero de realización dificilísima.

Inglaterra es el país clásico de las medidas para la protección de la infancia abandonada, medidas realizadas en gran escala por el Gobierno y que explican la disminución o cuando menos, la estabilidad de la criminalidad inglesa.

Las escuelas para los pobres —ragged schools—, las escuelas *industriales* y las de *reforma* se ocupan ¡anualmente de 48,000 niños, de los cuales 23,000 están en los *Ragged schools;* las instituciones de beneficencia con fin preventivo cuidan de 190,000 niños por año. Respecto de la iniciativa privada, el doctor Barnardo alimenta y educa, desde 1866, a los niños abandonados en las calles de Londres, enviándoles después a las colonias del Canadá, donde se portan como ciudadanos buenos y laboriosos.

La obra del ilustre doctor es muy beneficiosa, pues se ocupa de 8,000 niños por año y ha colocado más de 100,000, entre los cuales, según sus observaciones, había un 85% de hijos de alcohólicos.

El reformatorio de Elmira, fundado y dirigido en América por el doctor Brockway, para aplicar al mejoramiento de la infancia criminal y viciosa los progresos de la antropología criminal —mediante un tratamiento psicológico-psíquico-disciplinario en relación con las nuevas investigaciones de la fisiopsico-patalogía criminal— es un ensayo notabilísimo informado equitativamente por el principio de un internado durante un período indeterminado; principio casi consagrado ya por numerosos Estados de la Confederación americana.

Alemania atiende preferentemente a la colocación de los niños abandonados entre las familias honradas de los campesinos. Evitando la explotación económica del menor, el sistema de las colonias familiares es muy ventajoso, sobre, todo si se le compara con el encarcelamiento o dosimetría prefijada en las casas de corrección, que son por el contrario, prisiones y escuelas del crimen.

El remedio más eficaz para combatir la infancia abandonada, lo mismo que para la extinción del alcoholismo, es la reorganización social para hacer agradable la vida de la familia por la elevación del *standard of life* popular y para que la escuela sea una verdadera función social y no como es actualmente un engranaje burocrático que se limita a las formas más superficiales de la instrucción alfabética.

III. Vagancia.- La tercera fuente social de la criminalidad es la *vagancia.*

El carácter principal de la vagancia no es, como se cree generalmente, la ociosidad, sino mejor *la falta de domicilic* —que, sin embargo, tiende a desaparecer como atributo a la vagancia— y *la falta de subsistencias.* Hay, en efecto, ociosos con o sin domicilio fijo y que, estudiados bajo el aspecto legal, no son vagabundos porque no les falta, sin trabajar, alimentos ni riquezas.

La vagancia, como todo fenómeno de patología social, tiene sus factores antropológicos —debilidad biológica, neurastenia, psicastenia, que repugnan irresistiblemente todo trabajo metódico—; físicos — particularmente en los climas en que por exceso de calor, la vida, la alimentación y el sueño son muy fáciles—, y sociales— las condiciones del trabajo, garantizadas más o menos al hombre sano y adulto.

Para comprender bien las relaciones entre la vagancia y la criminalidad, es preciso seguir la evolución de los vagabundos, como lo han verificado dos sociólogos italianos en un volumen notable publicado recientemente[1].

Así como la criminalidad es el reflejo indirecto de las condiciones sociales *y* particularmente del medio económico, la vagancia es su reflejo directo.

---

[1] Florian E. Cavaglieri. - *I vagabundi.* - Torino Brocca. Editor.

La vagancia fue, en sus comienzos —durante los millares de años que los pueblos han vivido de la caza, la pesca, el pastoreo, etc.—, un fenómeno normal. Mas, cuando la humanidad primitiva se hizo agrícola —con la economía social de los esclavos— la ligación del hombre al suelo se convirtió en una institución social que prohibía la emigración. La vagancia adquiere desde entonces un carácter profundamente antisocial.

En efecto, los esclavos fugitivos son los primeros vagabundos perseguidos y castigados como delincuentes; sin embargo, su número filé aumentando diariamente hasta que la abolición de la esclavitud proporcionó un contingente avasallador, a cuya invasión opusiéronse —si bien con notoria debilidad— los monasterios y la institución jurídica de la servidumbre de la gleba.

En los albores de la Edad Media, durante el período comunal, las comodidades son, en progresión,, el asilo de los siervos que abandonan el campo; la industria naciente substituye de esta manera la servidumbre de la gleba —rural— por la servidumbre del taller —urbana.

En la segunda mitad de la Edad Media, la extensión del comercio y la frecuencia de las guerras— que transforma a los soldados mercenarios en vagabundos y bandoleros, así como también a los frailes mendicantes instituidos por Francisco de Asís —engrosaron extraordinariamente las huestes de la vagancia, que alcanzaron, desde el siglo XVI al XVII, su máximum.

Durante el período que precede a. la formación de la grande industria, por un lado se verificó una concentración progresiva de la propiedad rural, que expulsó de los campos a los que denominaríamos hoy braceros. «Los carneros se han tragado a los hombres», decíase en Inglaterra, donde las leyes cargaran todo su rigor contra los vagabundos; éstos eran precisamente los campesinos que carecían de trabajo a causa die la transformación del cultivo agrícola, caracterizado por los grandes pastos y el *landlordismc* que se forma también por la usurpación de las tierras comunales, de las que fueron expulsados los proletarios.

Por otra parte el industrialismo comenzaba a formarse, seguido necesariamente de dos fenómenos sociales: la movilidad del obrero —de una fábrica a otra, de una a otra provincia— y el ejército numerosísimo de obreros sin trabajo; es decir, la concurrencia excesiva para mantener el salario en las condiciones más favorables a los intereses de los capitalistas. En el siglo XIX, surgen las emigraciones e inmigraciones nacionales e internacionales—cada vez más frecuentes y extendidas— de los obreros del campo, de la fábrica y del taller. Y, el número de los trabajadores ociosos aumenta incesantemente en relación a los progresos de las máquinas, siendo, por tanto, víctimas de la sobre-producción y disminución de consumo.

El viaje de los 100,000 hombres sin trabajo procedentes de todos los puntos de la América del Norte, a Wàshington, es el símbolo viviente y dolorosísimo de este estado de patología social.

Dos legisladores han escogitado medidas preventivas y represivas contra la vagancia, que no son más que disposiciones penales. La ley belga de 1891, con su clasificación de los vagabundos en *viciosos o crónicos* —internados en los asilos de mendicidad—, *ocasionales* —reducidos en las casas de refugio— y *menores* —sujetos en las escuelas de beneficencia— es tino de los ejemplos más caracterizados.

El objeto de la ley es substituir por la vigilancia la pena. La realidad responde —aunque en proporción muy reducida— a este objeto. La vagancia está por encima de toda ley de represión o prevención penal; ella tiende a convertirse en normal —otro ejemplo de la ley de represión aparente de que hemos hablado en otro libro[1].

La agitación continua de los ricos, comerciantes, trabajadores, crece con el progreso industrial. Por ejemplo, Inglaterra tiene un medio anual de 775 millones de viajeros y Rusia, con una población cuatro veces más numerosa, tiene solamente 38 millones.

Es, por consiguiente, imposible que las leyes penales pueden eliminar y aun restringir el fenómeno social de la vagancia, que, por otra parte, con su tendencia a ser normal se separa de la criminalidad atávica o común para aproximarse a la criminalidad evolutiva —política y social.

Sabemos que, en muchos países, se han substituido las leyes penales y de policía por medidas económicas, como las *colonias de*

---

1 *Socialisme et science positive*, 1897, París.

trabajo para los obreros sin ocupación *y* las *casas de refugio* para los trabajadores transeúntes. Especialmente en Alemania.

Es evidente que, para combatir la vagancia, de igual suerte que para hacer desaparecer el alcoholismo y la infancia abandonada, el único medio fundamental es la nueva organización económica que, eliminando las causas de ociosidad y vagancia —salvo los casos aislados y raros de neurastenia aguda— podrá destruir los efectos más o menos desmoralizadores y productores del crimen. Se logrará este hermoso resultado por la socialización del trabajo y por los medios de producción.

Todo hombre tendrá, de esta suerte, no solamente el derecho sino el deber de trabajar. La plaga epidémica de la vagancia desaparecerá entonces.

V

MEDIDAS PRÁCTICAS DE PRESERVACIÓN SOCIAL

La legislación penal de la Edad Media fue muy varia y numerosa. Fundamentándose en el principio de que el castigo debía ser proporcionado a la perversidad del delincuente, los legisladores dictaron una serie de penas feroces contra los criminales. Saint Edme ha podido escribir así su *Diccionario de la penalidad* en muchos volúmenes. Sin embargo, la fantasía de los legisladores, mucho más terrible y fecunda en la invención de penas —por ejemplo, las diversas clases de pena de muerte— que la de los criminales para ejecutar sus delitos, no podía continuar indefinidamente.

La reacción contra esta tendencia está representada por la escuela clásica. Esta reacción, muy justa, contra la ferocidad de las penas, ha llegado en su proceso a un extremo opuesto, al principio de la unidad de la pena. Adoptando, como punto de partida, la concepción abstracta del tipo criminal, al que se atribuye la responsabilidad de los crímenes y delitos con sus circunstancias materiales y motivos determinantes, se ha anunciado, como conclusión, la unidad abstracta de la pena, la prisión —más o menos celular— prefijada de antemano.

Se ha afirmado, como reacción al absurdo de una panacea, única para todos los crímenes, el principio de la individualización de la pena, es decir, la adaptación especial de la disciplina penitenciaria según el carácter del delincuente. Este ideal es irrealizable, bien porque es difícil encontrar directores de prisión suficientemente psicólogos para conocer la personalidad de cada preso, o porque, en una cárcel donde moran más de 100 o 200 detenidos, es imposible conocer a fondo a todos, o, finalmente, porque el sistema celular, nivelando y reduciendo a cero la actividad fisiopsíquica del detenido, destruye todo criterio positivo para conocer el temperamento y carácter y aplicar al delincuente una disciplina personal.

La solución práctica del problema está en la adaptación de las medidas de prevención social necesarias a cada categoría antropológica de delincuentes. Esto concluye con la idea disparatada de una pena universal y con la utopia irrealizable de su individualización.

Se han hecho numerosísimas clasificaciones de los criminales, que hemos examinado en nuestra *Sociología criminal;* mas, todas ellas son demasiado unilaterales en su criterio.

Hemos propuesto en 1880 una clasificación biosociológica, aceptada hoy por gran número de criminalistas: nos referimos a la clasificación de los criminales en *alienados natos o instintivos,* por *hábito,* de *ocasión* y *pasionales.*

Antes de exponer las medidas preservativas para cada categoría criminal, es preciso hacer algunas observaciones generales.

Entre estas cinco categorías antrológicas existe únicamente una diferencia de grado; se trata ya de un estado patológico permanente —congénito— o más o menos transitorio —adquirido—. De suerte que las distinciones formuladas a propósito del criminal nato, atávico o patológico, ninguna razón de ser tienen, porque, entre atavismo, patología y detención de desarrollo no hay una separación absoluta; las anomalías atávicas pueden producirse muy bien por detención de desarrollo o por un estado patológico. Ettinghausen ha demostrado que, enfriando parte de las raíces de una encina, se reproducen las hojas de encina de la edad terciaria.

Debe recordarse la transformación radical de la justicia penal: ya no es el crimen, sino el criminal, el objeto fundamental del juicio. La persona humana, la individualidad biológica se torna en protagonista del drama judicial, después de haberlo sido del drama criminal. El crimen, en lugar de ser la entidad jurídica que absorbe la atención del legislador y del juez, será el síntoma de la potencia antisocial del criminal y de readaptibilidad social.

El fin real y positivo de esta preservación contra el crimen no es, por consiguiente, el arrepentimiento del delincuente —aun teniendo en cuenta las distinciones de Bentham entre el dolor aparente y el dolor real.

Vergüenza causa decirlo pero a ello nos fuerza la lógica de los hechos. La justicia penal se propone como fin principal la destrucción súbita o lenta de la personalidad humana por un espíritu de odio y venganza. El objeto de esta función será en lo sucesivo la utilidad de la sociedad con exclusión de toda pretendida idea de justicia absoluta y retributiva; la utilidad, el bien social será el criterio único de acción frente al criminal, sin olvidar que el respeto a todo ser humano, aun al delincuente, es, en los límites de la realidad, uno de los caracteres fundamentales del bienestar social.

Esta función de bienestar social corresponde a las formas de selección que han influido extraordinariamente en la evolución de la humanidad.

La escuela positivista de criminología del darwinismo natural y social ha incurrido, a este propósito, en algunas exageraciones seleccionistas en favor de la pena de muerte para los criminales natos.

Nosotros hemos afirmado, conforme a nuestras convicciones, que si había de considerarse la justicia penal como una función exclusiva de selección artificial, era preciso tener el valor lógico y práctico de aplicar a los criminales natos y aun a los alienados la pena de muerte. Conseguiríase con esto un número anual de ejecuciones capitales muy superior al número honrroso de ejecuciones durante la Edad Media, lo que, felizmente, no es posible en el estado actual de nuestras costumbres. Además, la idea seleccionista —darwinismo— debe ser completada, ya en la vida natural o bien en la social por la adaptación al medio —lamarkismo—, de suerte que la patogénesis del crimen debe tener gran valor cuando se trate de la sanción social del crimen o de la readaptación del condenado a la vida social.

La bondad de las selecciones sociales —Broca, Sergi, Laponge, etc.—, es incontrovertible, aun tratándose de la justicia penal.

El problema fundamental de la humanidad y la nota primera de todo progreso es la adaptación del individuo a la vida colectiva.

Una disciplina muy dura y sangrienta —Bagehot— ha previsto esta necesidad de represión social —por cierto que se ha extralimitado en ella, haciendo del servilismo del pueblo un corolario del «principio de autoridad»— por una multitud de instituciones y tradiciones, cuya influencia se siente todavía en las sociedades contemporáneas. Recordemos algunas de esas formas:

Selección militar.- La selección militar ha sido en los comienzos de todas las civilizaciones un medio muy útil de selección social, inculcando el valor y la disciplina, la obediencia y la solidaridad. Esta forma de selección es en nuestros días causa de degeneración

En efecto, condénase a los jóvenes sanos y fuertes a la ociosidad y corrupción física y moral de los cuarteles, mientras que los enfermos, permaneciendo en sus casas, aumentan los nacimientos de seres débiles y degenerados; cumplido el servicio militar, en el que se les domeñó metódicamente todo orgullo y dignidad de carácter, viene el *déclassement y* descontento al tomar al trabajo diario, si no han sucumbido en las guerras modernas donde el valor individual apenas representa y donde los débiles parecen tener la fortuna de burlar las balas enemigas.

Selección religiosa.- Es opuesta a las leyes naturales de la paternidad —en los países donde existe el celibato religioso— y en desacuerdo constante con las verdades de la ciencia y de la vida real, por la inoculación diaria del *virus* moral de la resignación servil a las miserias de «este valle de lágrimas».

Selección matrimonial.- Muy lejos de favorecer la unión de individuos sanos y fuertes, somete la procreación a necesidades económicas, envenenando desde su origen el matrimonio con preocupaciones financieras, que condenan al celibato y a la prostitución a las mujeres sanas y fuertes más pobres, favoreciendo los matrimonios de las hijas débiles y ricas, sin para nada tener en cuenta el indiferentismo conyugal, el adulterio, el abandono moral, etc.

Selección moral.- Esta selección, que debiera eliminar del organismo social los elementos antisociales o criminales, limita su acción a perseguir y aniquilar los delincuentes de ocasión —nada peligrosos— y habituales —producto exclusivo del medio— sin molestar a la aristocracia del crimen que sabe perfectamente sortear el Código penal e imponerse al engranaje de la justicia penal, paralizado por la dominación de clase.

Selección intelectual.- Esta que debiera elevar, por las escuelas y asilos de alienados y anormales, el nivel de la inteligencia colectiva, es paralizada frecuentemente en su función positiva de instrucción y educación popular, por la miseria de las clases más numerosas, cuyo producto es la infancia abandonada, plantel de toda antisociabilidad, ya por su criminalidad, ya por su inconsciencia y falta de solidaridad en las luchas por la redención social.

Como base de todas estas selecciones, existe la *económica* y *social,* en la significación más amplia de la palabra, que crea la miseria aguda y crónica, a consecuencia del monopolio del trabajo productor, y con éste, las restantes formas de degeneración física, intelectual y moral, uno de cuyos síntomas más dolorosos es el servilismo.

El Estado moderno, brazo secular de la clase explotadora de los monopolios, no se propone solo, directa e indirectamente la destrucción de todo carácter y de toda personalidad humana, la nivelación burocrática judicial y militar, sino también los medios de favorecer en la magistratura, en la administración o en la vida puramente individual, a los serviles.

Dedúcese de aquí, que la segregación de los delincuentes, como selección moral bienhechora, tendrá su aplicación útil y normal en una organización social que elimine las formas degenerativas de selección garantizando la supervivencia de los mejores. No sucede así con nuestro siglo en que los más astutos, a la par que menos escrupulosos y honrados, figuran activamente en el concierto social, mientras que los sinceros, honrados, «ingenuos» e «idealistas» permanecen en la penumbra, cuando no en la prisión.

LOS HOMBRES Y LAS CÁRCELES,
de ENRICO FERRI, se imprimió
en la República Argentina en mayo de 2019.

Made in the USA
Monee, IL
18 October 2026

66035488R00042